WOOF

Woof woof woof woof woof woof woof woof woof. Woof woof woof woof woof. Woof woof woof woof woof woof woof woof woof, woof woof woof woof. Woof woof woof, woof woof woof. Woof woof woof woof woof woof woof. Woof woof woof woof woof. Woof woof woof woof woof woof woof. Woof woof woof woof woof woof woof, woof woof woof woof.

Woof woof woof woof woof woof woof woof. Woof woof woof woof woof woof woof woof.

Woof woof, "Woof woof woof woof woof."

Woof woof, "Woof woof woof woof."

Woof woof, "Woof woof woof."

Woof woof woof, "Woof woof woof woof woof woof."

Woof woof, "Woof woof woof woof."

Woof woof woof woof, "Woof woof woof."

Woof woof, "Woof woof woof woof."

Woof, "Woof woof woof woof."

Woof woof woof woof woof. Woof woof. Woof woof woof woof woof woof woof woof woof.

Woof woof, "Woof woof woof."

Woof, "Woof woof woof woof woof woof."

Woof, "Woof woof woof woof woof."

Woof, "Woof woof woof woof woof woof."

Woof woof woof woof woof. Woof woof woof woof woof woof woof woof. Woof woof woof woof woof woof woof woof.

Woof woof, "Woof woof woof woof woof woof."

Woof woof woof woof woof woof. Woof woof woof. Woof woof woof woof.

Woof woof woof woof, "Woof woof woof woof woof woof woof woof."

Woof woof woof, "Woof woof woof woof woof."

Woof, "Woof woof woof woof woof woof woof woof woof."

Woof woof woof. Woof woof woof woof woof woof woof woof woof woof.

Woof woof, "Woof woof woof woof."

Woof woof woof, "Woof woof woof woof woof woof."

Woof woof, "Woof woof woof woof."

Woof woof woof, "Woof woof woof woof."

Woof woof woof woof woof. Woof woof woof woof woof. Woof woof woof woof woof woof woof woof woof.

Woof woof woof woof, "Woof woof woof woof woof."

Woof, "Woof woof woof woof woof woof."

Woof, "Woof woof woof woof woof woof woof."

Woof woof, "Woof woof woof woof woof woof."

Woof woof, "Woof woof woof woof woof woof woof."

Woof, "Woof woof woof woof woof woof woof woof."

Woof woof, "Woof woof woof woof woof woof."

Woof woof, "Woof woof woof woof."

Woof woof woof woof woof. Woof woof. Woof woof woof woof woof woof. Woof woof woof woof woof woof woof woof woof woof woof.

Woof, "Woof woof woof woof."

Woof, "Woof woof woof woof woof."

Woof woof, "Woof woof woof woof woof woof woof."

Woof woof woof woof.

Woof, "Woof woof woof woof woof."

Woof woof, "Woof woof."

Woof woof, "Woof woof woof woof woof woof woof woof."

Woof woof, "Woof woof woof woof woof woof."

Woof woof woof, "Woof woof woof woof."

Woof woof woof, "Woof woof woof woof woof woof woof."

Woof woof woof, "Woof woof woof."

Woof woof woof, "Woof woof."

Woof woof woof woof woof woof woof woof.

Woof woof, "Woof woof woof woof woof woof."

Woof woof, "Woof woof woof woof."

Woof woof, "Woof woof woof."

Woof woof woof, "Woof woof woof woof woof woof."

Woof woof, "Woof woof woof."

Woof woof, "Woof woof woof."

Woof, "Woof woof woof."

Woof woof woof woof woof woof. Woof woof woof woof woof woof woof woof. Woof woof.

Woof woof, "Woof woof woof woof woof."

Woof woof woof, "Woof woof woof."

Woof woof woof woof, "Woof woof woof woof woof."

Woof woof woof, "Woof woof woof woof."

Woof woof, "Woof woof woof woof woof."

Woof woof woof woof woof woof woof. Woof woof woof woof woof woof. Woof woof woof woof woof woof woof. Woof woof woof.

Woof, "Woof woof woof woof woof woof woof."

Woof woof, "Woof woof woof woof woof woof woof woof."

Woof woof, "Woof woof woof woof."

Woof, "Woof woof woof woof woof woof woof."

Woof woof woof woof woof woof woof.

Woof woof, "Woof woof woof."

Woof woof woof woof. Woof woof woof woof woof. Woof woof woof woof woof woof woof, woof woof woof woof woof woof. Woof woof woof woof woof woof woof, woof woof. Woof woof woof woof woof. Woof woof. Woof woof woof woof woof woof woof woof woof, woof woof woof woof woof. Woof woof woof woof woof woof, woof woof.

Woof woof woof woof woof woof woof woof. Woof woof woof woof woof woof woof, woof woof woof woof woof woof. Woof woof woof woof woof. Woof woof woof woof woof woof. Woof woof woof woof woof, woof woof woof woof. Woof woof woof woof woof woof woof woof woof, woof woof woof woof woof.

Woof woof woof woof. Woof woof woof woof woof woof. Woof woof woof woof woof, woof woof woof. Woof woof woof woof woof woof woof, woof woof woof woof woof. Woof woof woof woof woof, woof woof woof woof woof woof. Woof woof woof woof woof woof woof, woof woof woof woof. Woof woof woof woof woof woof woof woof woof. Woof woof woof woof woof. Woof woof woof woof woof woof woof woof. Woof woof woof woof woof woof, woof woof woof woof woof.

Woof woof woof woof. Woof woof woof woof woof

woof woof woof. Woof woof woof woof woof. Woof woof woof,
woof woof woof woof woof. Woof woof woof woof woof woof,
woof woof woof woof woof woof. Woof woof woof woof woof
woof. Woof woof woof woof woof woof woof. Woof woof woof
woof woof woof. Woof woof woof, woof woof woof woof. Woof
woof woof woof, woof woof.

Woof woof woof woof woof woof woof. Woof woof
woof woof woof. Woof woof woof woof woof woof. Woof woof
woof woof woof woof, woof woof woof. Woof woof woof woof
woof woof, woof woof woof woof. Woof woof, woof woof woof woof
woof woof woof. Woof woof woof woof woof woof. Woof woof
woof woof woof woof woof woof, woof woof woof woof woof
woof woof woof woof woof.

Woof woof woof woof woof. Woof woof woof woof
woof. Woof woof woof woof woof woof woof woof, woof woof.
Woof woof woof woof, woof woof woof. Woof woof woof, woof
woof woof woof woof. Woof woof woof woof woof woof woof
woof woof. Woof woof woof woof woof woof woof woof woof.
Woof woof woof woof woof woof woof woof woof. Woof woof,
woof woof woof woof woof woof.

Woof woof woof. Woof woof woof woof woof woof
woof. Woof woof woof. Woof woof woof woof, woof woof woof
woof. Woof woof woof woof woof woof woof woof woof woof
woof woof woof, woof woof woof. Woof woof woof woof woof
woof woof woof woof. Woof woof woof woof woof woof. Woof
woof woof. Woof woof. Woof woof woof, woof woof woof woof.
Woof woof woof, woof woof woof woof woof woof. Woof woof
woof woof woof woof, woof woof woof woof.

Woof woof woof woof woof woof woof woof. Woof
woof woof woof woof woof. Woof woof woof. Woof woof woof,
woof. Woof woof woof woof woof woof woof woof woof woof.
Woof woof woof, woof woof.

Woof woof woof woof woof woof. Woof woof woof woof woof woof. Woof woof woof woof woof, woof woof woof woof woof woof woof. Woof woof woof woof woof woof. Woof woof woof woof, woof woof woof. Woof woof woof woof woof, woof woof woof woof woof woof. Woof woof woof woof woof, woof woof woof woof. Woof woof woof, woof woof woof.

Woof woof woof woof woof woof. Woof woof woof woof woof. Woof woof woof woof, woof woof woof woof woof woof. Woof woof woof woof, woof woof. Woof woof woof woof Woof woof woof woof woof woof woof. Woof woof woof woof woof woof woof, woof woof. Woof woof woof woof woof woof woof woof, woof woof woof. Woof woof, woof woof. Woof woof woof woof woof woof woof woof woof, woof woof woof woof woof woof.

Woof woof woof woof woof woof woof woof woof. Woof woof woof woof woof. Woof woof woof, woof woof woof. Woof woof woof woof woof woof woof, woof woof woof woof woof woof. Woof woof woof woof woof woof woof woof woof, woof woof woof woof woof woof woof. Woof woof woof woof woof woof. Woof woof woof woof woof woof woof woof. Woof woof woof woof, woof woof woof woof. Woof woof woof, woof woof woof woof woof woof woof woof.

Woof woof woof. Woof woof. Woof woof woof woof. Woof woof woof woof woof woof woof woof woof, woof woof woof. Woof woof woof woof, woof woof. Woof woof woof woof. Woof woof woof woof woof woof woof woof. Woof woof woof woof woof woof woof, woof woof woof woof woof woof woof. Woof woof woof woof, woof woof. Woof woof woof woof, woof woof woof woof.

Woof woof woof woof woof woof woof. Woof woof woof. Woof woof woof woof woof woof woof woof. Woof woof woof, woof woof woof woof woof woof woof. Woof woof woof woof,

woof woof woof. Woof woof woof woof woof, woof woof woof. Woof woof woof woof. Woof woof woof woof woof woof, woof woof.

Woof woof woof woof woof woof. Woof woof woof woof. Woof woof woof woof woof. Woof woof woof woof woof woof. Woof woof woof, woof woof woof woof woof woof woof woof. Woof woof woof woof, woof woof. Woof woof. Woof woof woof woof. Woof woof woof woof woof, woof woof.

Woof woof woof woof woof woof woof. Woof woof. Woof woof woof woof woof woof woof woof, woof woof woof woof woof woof woof. Woof woof woof woof woof woof woof, woof woof woof woof woof. Woof woof woof woof woof woof, woof woof woof woof woof. Woof woof woof woof. Woof woof. Woof woof woof woof woof woof woof woof woof woof, woof. Woof woof woof woof woof, woof woof. Woof woof woof, woof woof woof.

Woof woof woof woof. Woof woof woof woof. Woof woof woof, woof woof woof woof woof. Woof woof woof, woof.

Woof woof woof, "Woof woof."

Woof, "Woof woof woof woof."

Woof woof woof, "Woof woof woof woof woof."

Woof woof woof, "Woof woof woof woof woof woof woof."

Woof woof woof woof, "Woof woof woof."

Woof, "Woof woof woof woof woof woof woof woof."

Woof woof woof, "Woof woof woof woof."Woof woof, woof woof woof woof woof woof. Woof woof woof woof woof, woof woof woof woof woof woof. Woof woof woof woof woof woof woof, woof woof woof woof.

Woof woof woof woof woof woof woof woof woof. Woof woof woof woof woof woof. Woof woof woof woof woof, woof woof woof woof woof woof. Woof woof woof woof woof

woof woof woof woof woof, woof woof woof woof woof woof woof woof. Woof woof woof woof, woof woof woof. Woof woof woof woof woof woof, woof woof woof woof.

Woof, "Woof woof woof woof woof woof."

Woof woof, "Woof woof woof woof woof woof."

Woof woof woof, "Woof woof woof woof woof woof woof woof woof."

Woof, "Woof woof woof woof woof woof woof."Woof woof woof woof woof, woof woof woof woof woof. Woof woof woof woof woof, woof woof woof woof woof woof.

Woof woof. Woof woof woof woof woof woof woof woof. Woof woof woof woof woof. Woof woof woof woof woof, woof woof. Woof woof woof woof, woof woof woof. Woof woof woof woof woof woof, woof woof. Woof woof woof woof woof, woof woof woof woof woof woof woof.

Woof woof woof, "Woof woof woof woof woof woof."

Woof, "Woof woof woof woof woof woof woof."

Woof, "Woof woof woof."

Woof woof woof, "Woof woof woof woof."

Woof woof, "Woof woof woof woof woof woof."Woof woof woof woof woof woof woof woof, woof woof woof. Woof woof woof woof, woof woof woof.

Woof woof woof woof. Woof woof woof. Woof woof woof. Woof woof woof woof woof woof woof woof woof, woof woof. Woof woof, woof woof woof woof. Woof woof woof, woof woof woof. Woof woof woof woof woof woof woof woof, woof woof woof woof woof woof.

Woof, "Woof woof woof woof woof."

Woof woof, "Woof woof woof woof woof woof woof."Woof woof woof woof woof, woof woof woof woof woof.

Woof woof woof woof. Woof woof woof woof. Woof woof woof woof, woof woof woof woof woof woof.

Woof woof, "Woof woof woof woof woof woof woof woof woof."

Woof woof woof, "Woof woof woof."

Woof woof woof woof, "Woof woof.""Woof woof woof woof woof woof, woof woof woof woof woof.

Woof woof woof woof woof woof woof. Woof woof woof woof woof woof woof woof. Woof woof woof woof woof woof woof woof woof woof. Woof woof woof woof woof woof woof, woof woof woof woof. Woof woof woof woof woof woof, woof woof.

Woof woof, "Woof woof woof."

Woof woof, "Woof woof woof woof woof."

Woof woof woof, "Woof woof woof."

Woof woof woof, "Woof woof woof.""Woof woof woof woof woof, woof woof woof woof. Woof woof woof woof woof, woof woof.

Woof woof woof woof woof woof. Woof woof, woof woof woof woof woof woof. Woof woof woof woof woof, woof woof woof woof.

Woof woof woof, "Woof woof woof woof woof woof.""Woof woof woof woof woof, woof. Woof woof, woof woof woof woof woof woof woof woof.

Woof woof woof woof woof woof woof. Woof woof woof woof woof. Woof woof woof, woof woof woof woof woof woof woof woof. Woof woof woof woof woof woof woof woof woof woof, woof woof woof woof. Woof woof woof, woof woof.

Woof, "Woof woof woof woof."

Woof woof woof, "Woof woof woof woof woof woof woof woof woof."

Woof woof woof, "Woof woof woof woof."

Woof woof, "Woof woof woof."

Woof, "Woof woof woof woof woof.""Woof woof woof

woof woof, woof woof woof woof woof woof woof woof. Woof woof, woof woof. Woof woof, woof woof woof woof woof.

Woof woof woof. Woof woof woof woof woof. Woof woof woof woof woof. Woof woof woof woof woof, woof woof. Woof woof woof woof woof woof, woof woof woof woof woof woof woof woof. Woof woof woof woof, woof woof woof woof woof woof woof woof.

Woof woof, "Woof woof woof woof woof woof woof."

Woof woof woof woof, "Woof woof woof woof woof."

Woof woof, "Woof woof woof woof woof woof woof."Woof woof woof woof, woof woof. Woof woof woof woof woof, woof woof woof.

Woof woof woof. Woof woof woof woof woof. Woof woof. Woof woof woof woof woof woof woof, woof woof woof woof. Woof woof woof woof woof woof woof woof, woof.

Woof woof woof, "Woof woof woof."

Woof woof, "Woof woof woof woof woof woof."

Woof woof woof, "Woof woof woof woof woof woof."

Woof woof, "Woof woof woof woof woof woof woof woof."Woof woof woof woof woof woof woof woof woof, woof woof woof woof woof. Woof woof woof woof woof woof, woof woof woof. Woof woof woof woof woof, woof woof woof woof woof woof woof woof.

Woof woof woof woof woof woof. Woof woof woof, woof woof. Woof woof woof woof woof woof, woof woof woof woof woof. Woof woof woof woof, woof woof woof woof woof woof.

Woof woof, "Woof woof woof woof woof."

Woof woof, "Woof woof woof woof woof woof woof woof woof."

Woof woof woof, "Woof woof woof."

Woof woof, "Woof woof woof woof woof."

Woof woof woof woof, "Woof woof."

Woof woof, "Woof woof woof woof."

Woof woof, "Woof woof woof woof woof woof woof woof."

Woof woof, "Woof woof woof woof woof."

Woof, "Woof woof woof."Woof woof woof woof woof woof, woof woof. Woof woof woof woof woof woof woof, woof woof woof. Woof woof woof woof woof woof woof woof, woof woof woof.

Woof woof woof woof woof woof. Woof woof woof woof woof woof woof woof woof. Woof woof woof woof woof woof woof woof woof woof woof. Woof woof woof woof woof woof, woof woof woof woof. Woof woof woof woof woof, woof woof woof woof woof woof.

Woof woof, "Woof woof."

Woof woof woof, "Woof woof woof woof woof woof."

Woof, "Woof woof woof woof woof woof woof."Woof woof woof, woof woof woof woof woof. Woof woof woof woof woof woof, woof woof woof.

Woof woof woof. Woof woof woof woof woof woof woof woof woof woof woof. Woof woof woof woof, woof woof woof. Woof woof woof woof, woof woof woof.

Woof woof, "Woof woof woof."

Woof, "Woof woof woof woof woof woof."

Woof woof woof, "Woof woof."Woof woof woof woof woof woof woof woof, woof woof.

Woof woof woof woof woof. Woof woof woof woof woof. Woof woof woof. Woof woof woof woof woof woof woof woof, woof woof woof. Woof woof woof woof woof woof woof woof woof, woof woof woof woof woof woof woof woof woof woof.

Woof woof, "Woof woof woof woof woof woof woof."

Woof woof woof, "Woof woof woof."Woof woof woof, woof woof woof woof woof woof woof. Woof woof woof woof, woof woof woof woof woof woof. Woof woof woof, woof woof woof woof.

Woof woof woof woof woof woof woof woof woof woof. Woof woof woof woof.

Woof, "Woof woof woof woof."

Woof woof woof, "Woof woof woof."

Woof woof woof woof woof woof. Woof woof woof.

Woof, "Woof woof woof woof woof."

Woof woof, "Woof woof woof woof woof woof woof."

Woof woof woof woof. Woof woof.

Woof woof woof woof, "Woof woof woof woof woof woof woof woof."

Woof, "Woof woof woof woof woof woof woof woof woof woof woof."

Woof woof woof woof, "Woof woof."

Woof woof woof woof. Woof woof woof woof woof woof woof woof. Woof woof woof woof woof woof woof woof woof woof woof woof.

Woof woof woof, "Woof woof woof woof woof woof woof woof."

Woof woof woof woof woof woof woof woof. Woof woof woof woof.

Woof woof, "Woof woof woof."

Woof woof woof, "Woof woof woof woof."

Woof woof woof woof woof woof woof. Woof woof woof woof. Woof woof woof woof.

Woof, "Woof woof."

Woof woof, "Woof woof."

Woof woof woof, "Woof woof woof woof woof woof woof."

Woof, "Woof woof woof woof woof woof woof."

Woof woof, "Woof woof woof woof."

Woof woof woof, "Woof woof."

Woof woof, "Woof woof woof woof."

Woof woof woof woof woof. Woof woof woof woof woof.

Woof woof, "Woof woof woof woof woof."

Woof woof woof woof, "Woof woof woof woof woof woof woof woof woof."

Woof woof woof, "Woof woof woof."

Woof woof woof woof woof woof. Woof woof woof woof woof.

Woof, "Woof woof."

Woof woof, "Woof woof woof woof woof."

Woof, "Woof woof woof woof woof."

Woof woof woof woof woof woof.

Woof, "Woof woof woof."

Woof woof woof, "Woof woof woof woof woof woof."

Woof woof woof woof, "Woof woof woof woof woof."

Woof woof woof woof, "Woof woof."

Woof woof woof, "Woof woof woof woof woof woof woof woof woof."

Woof, "Woof woof woof woof woof woof."

Woof woof woof woof woof woof. Woof woof woof. Woof woof woof woof woof.

Woof woof, "Woof woof woof woof."

Woof woof woof woof woof woof. Woof woof.

Woof woof, "Woof woof woof woof woof woof."

Woof woof, "Woof woof woof woof woof."

Woof woof woof woof woof woof woof woof woof. Woof woof woof.

Woof woof woof, "Woof woof woof woof woof woof

woof woof."

Woof woof, "Woof woof woof woof."

Woof woof, "Woof woof woof."

Woof, "Woof woof woof."

Woof, "Woof woof woof woof woof."

Woof woof woof woof woof woof woof woof. Woof woof woof woof woof.

Woof woof woof, "Woof woof woof woof woof."

Woof woof woof, "Woof woof woof woof woof woof."

Woof woof woof, "Woof woof woof woof woof woof."

Woof, "Woof woof woof woof woof."

Woof woof woof, "Woof woof woof woof woof."

Woof woof woof. Woof woof woof woof woof woof.

Woof woof, "Woof woof woof."

Woof woof, "Woof woof woof woof woof."

Woof woof woof woof woof woof woof woof woof.

Woof, "Woof woof woof woof woof woof."

Woof, "Woof woof woof woof woof woof."

Woof woof, "Woof woof woof."

Woof woof woof woof woof woof woof. Woof woof woof woof woof. Woof woof woof woof woof woof woof woof woof. Woof woof woof woof.

Woof woof woof, "Woof woof woof woof."

Woof, "Woof woof."

Woof woof, "Woof woof woof woof."

Woof woof woof woof, "Woof woof woof woof woof woof."

Woof woof, "Woof woof woof."

Woof woof woof. Woof woof woof woof. Woof woof woof, woof woof woof woof woof. Woof woof woof woof woof woof, woof woof woof.

Woof, "Woof woof woof woof woof woof woof woof

woof."

Woof woof woof woof, "Woof woof woof."

Woof, "Woof woof."

Woof woof, "Woof woof."

Woof woof, "Woof woof woof woof woof woof woof."

Woof woof, "Woof woof woof woof."

Woof woof, "Woof woof woof woof."

Woof, "Woof woof woof woof woof woof woof woof."Woof woof woof woof, woof woof woof. Woof woof woof woof woof woof woof, woof woof woof woof woof.

Woof woof. Woof woof woof woof woof woof woof. Woof woof woof woof woof, woof woof woof woof woof woof. Woof woof woof woof, woof woof woof woof.

Woof woof woof, "Woof woof woof woof woof."

Woof woof, "Woof woof."

Woof woof woof woof, "Woof woof woof woof woof."Woof woof woof woof woof woof woof woof woof, woof woof woof. Woof woof woof, woof woof woof.

Woof woof woof woof woof. Woof woof woof. Woof woof woof woof woof woof woof woof. Woof woof woof woof woof woof woof woof woof. Woof woof woof woof, woof woof woof woof woof woof woof.

Woof woof woof, "Woof woof."Woof woof woof woof, woof. Woof woof woof woof woof, woof woof woof woof woof woof. Woof woof woof woof woof woof woof, woof woof woof.

Woof woof woof woof woof. Woof woof. Woof woof woof woof woof woof woof woof woof woof woof. Woof woof woof woof. Woof woof woof woof woof woof woof woof woof, woof woof woof woof. Woof woof woof woof, woof woof woof woof. Woof woof woof woof woof woof woof woof, woof woof woof woof woof woof.

Woof woof, "Woof woof woof woof woof."

Woof woof woof woof, "Woof woof woof."Woof woof woof woof woof woof woof woof woof woof woof woof, woof woof woof woof woof woof. Woof woof woof woof woof woof woof woof, woof woof woof woof woof woof woof.

Woof woof woof woof woof woof. Woof woof woof woof woof woof woof woof woof woof woof. Woof woof woof woof woof, woof woof woof woof woof woof woof woof.

Woof woof, "Woof woof."

Woof woof woof woof, "Woof woof woof woof woof."

Woof woof woof, "Woof woof woof woof."

Woof, "Woof woof woof."

Woof woof, "Woof woof woof woof woof."

Woof woof, "Woof woof woof woof woof woof woof."Woof woof woof woof woof woof woof woof, woof woof. Woof woof woof woof woof, woof woof woof. Woof woof woof woof woof woof woof, woof. Woof woof woof woof woof woof, woof woof woof woof woof.

Woof woof woof woof woof woof woof woof. Woof woof woof woof woof. Woof woof woof woof woof woof. Woof woof. Woof woof woof woof woof woof woof, woof woof woof woof. Woof woof woof woof woof woof, woof woof woof woof woof woof. Woof woof woof woof, woof woof woof woof woof.

Woof woof woof, "Woof woof woof woof woof woof."

Woof woof, "Woof woof woof woof woof woof woof woof woof woof."

Woof woof woof, "Woof woof woof woof."

Woof woof woof woof, "Woof woof woof woof woof."Woof woof, woof woof woof woof woof. Woof woof woof, woof. Woof woof, woof woof woof woof woof. Woof woof woof, woof woof.

Woof woof woof woof woof woof. Woof woof woof woof woof woof woof woof woof woof. Woof woof woof. Woof

woof woof woof woof woof woof woof, woof woof.

Woof woof, "Woof woof woof woof woof."

Woof woof, "Woof woof woof woof woof."

Woof woof woof, "Woof woof."

Woof woof, "Woof woof woof woof woof woof."Woof woof woof woof woof woof woof woof woof, woof woof woof woof.

Woof woof woof woof woof. Woof woof woof woof woof woof woof. Woof woof woof. Woof woof woof woof woof woof woof, woof woof woof. Woof woof woof woof woof woof woof, woof woof.

Woof woof woof, "Woof woof woof woof woof woof woof."

Woof woof woof woof, "Woof woof woof woof."

Woof woof woof, "Woof woof woof woof woof."Woof woof woof woof woof, woof woof woof woof woof.

Woof woof woof woof woof woof woof. Woof woof woof woof woof woof woof. Woof woof woof woof woof woof woof woof, woof woof woof woof. Woof woof woof, woof woof woof woof woof.

Woof, "Woof woof woof woof woof."

Woof woof, "Woof woof woof woof."

Woof woof, "Woof woof woof woof woof woof."

Woof woof, "Woof woof woof woof woof."

Woof, "Woof woof woof woof woof."Woof woof woof woof woof, woof woof woof.

Woof woof woof. Woof woof woof woof woof woof. Woof woof woof woof woof woof woof woof woof, woof woof. Woof woof woof woof, woof woof woof woof woof.

Woof, "Woof woof woof."

Woof woof, "Woof woof woof woof woof woof woof woof woof."

Woof woof woof, "Woof woof woof woof woof."Woof woof woof woof woof woof woof woof, woof woof.

Woof woof woof woof woof. Woof woof woof woof woof woof woof woof woof. Woof woof woof woof. Woof woof woof woof woof woof, woof woof woof woof woof woof woof woof woof woof. Woof woof woof woof, woof woof woof woof woof. Woof woof woof woof woof woof, woof woof woof woof woof woof.

Woof, "Woof woof woof woof woof woof woof."

Woof woof woof woof, "Woof woof woof woof woof woof."

Woof woof, "Woof woof."Woof woof woof woof, woof woof.

Woof woof woof woof woof woof woof woof woof woof. Woof woof woof woof woof. Woof woof woof. Woof woof woof woof woof woof. Woof woof woof woof woof, woof woof. Woof woof, woof woof woof woof.

Woof woof woof, "Woof woof woof woof woof."

Woof woof woof, "Woof woof woof."Woof woof woof woof woof, woof woof woof woof. Woof woof woof, woof. Woof woof woof woof woof woof, woof woof woof.

Woof woof woof woof. Woof woof woof woof woof woof woof woof. Woof woof woof woof woof woof. Woof woof woof woof woof woof, woof woof woof. Woof woof woof, woof.

Woof woof woof, "Woof woof."

Woof woof, "Woof woof woof woof woof woof."

Woof woof, "Woof woof woof woof woof."Woof woof woof woof woof woof woof, woof woof woof. Woof woof woof woof woof woof woof, woof woof woof woof woof woof woof. Woof woof woof woof woof woof woof woof, woof woof.

Woof woof woof. Woof woof woof woof woof woof. Woof woof woof woof woof. Woof woof woof woof woof woof,

woof woof woof woof. Woof woof woof, woof woof woof woof
woof woof woof. Woof woof woof woof woof woof woof, woof
woof woof woof woof woof.

Woof, "Woof woof woof woof woof."

Woof woof, "Woof woof woof."

Woof woof woof, "Woof woof woof woof woof woof
woof."

Woof woof, "Woof woof woof woof woof woof."

Woof woof woof woof, "Woof woof woof woof woof
woof woof."Woof woof woof woof woof woof woof, woof woof
woof woof woof.

Woof woof woof woof. Woof woof woof woof woof
woof woof woof. Woof woof woof woof woof woof woof woof,
woof woof woof woof. Woof woof, woof woof woof.

Woof woof, "Woof woof woof woof woof."

Woof woof woof, "Woof woof woof woof woof."

Woof woof, "Woof woof woof woof woof woof woof
woof woof."

Woof woof, "Woof woof woof."Woof woof woof woof,
woof woof woof woof woof woof. Woof woof woof woof woof
woof, woof woof woof woof woof woof woof. Woof woof woof
woof woof woof, woof woof. Woof woof woof woof woof, woof
woof woof.

Woof woof woof woof woof. Woof woof woof woof.
Woof woof woof woof woof woof woof woof, woof woof. Woof
woof woof woof woof woof woof woof, woof woof woof woof
woof woof.

Woof woof, "Woof woof woof woof woof woof."

Woof woof woof woof, "Woof woof woof woof."

Woof woof woof, "Woof woof woof woof woof woof
woof."

Woof woof woof, "Woof woof woof woof woof woof."

Woof woof woof, "Woof woof woof woof."

Woof woof woof, "Woof woof woof woof woof woof woof."Woof woof woof woof woof, woof woof.

Woof woof woof woof woof woof. Woof woof woof, woof woof woof woof.

Woof, "Woof woof woof woof woof woof."

Woof woof woof, "Woof woof woof woof woof woof woof woof woof."

Woof woof, "Woof woof woof woof woof."

Woof woof, "Woof woof woof woof woof woof woof."Woof woof woof, woof woof woof woof. Woof woof, woof woof woof woof woof. Woof woof, woof woof woof woof.

WOOF

Woof woof woof. Woof woof woof woof woof. Woof woof woof woof woof, woof woof woof woof woof woof woof. Woof woof woof woof woof woof, woof woof woof. Woof woof woof woof woof woof, woof woof. Woof woof woof woof, woof woof. Woof woof woof woof woof. Woof woof, woof woof woof. Woof woof woof woof woof woof woof woof woof, woof woof woof.

Woof woof woof woof woof woof woof woof. Woof woof woof woof woof woof woof woof. Woof woof woof, woof woof woof. Woof woof woof woof woof, woof woof woof. Woof woof woof woof woof woof, woof woof. Woof woof woof woof woof, woof woof woof woof woof. Woof woof woof woof woof woof woof woof. Woof woof woof woof woof woof woof woof woof. Woof woof woof woof woof woof woof, woof woof woof woof woof.

Woof woof woof woof. Woof woof woof woof woof

woof woof woof woof woof woof. Woof woof woof woof woof.
Woof woof woof, woof woof woof. Woof woof woof woof. Woof
woof woof woof woof woof woof woof woof woof. Woof woof
woof woof woof woof woof, woof woof woof woof woof woof.
Woof woof woof woof woof woof, woof woof woof woof. Woof
woof woof woof, woof woof woof woof woof.

Woof woof woof woof woof woof woof. Woof woof
woof woof woof, woof woof woof woof. Woof woof woof woof
woof woof, woof woof woof. Woof woof woof woof woof. Woof
woof woof woof woof, woof woof woof. Woof woof woof woof
woof woof woof woof woof woof, woof woof woof woof woof.

Woof woof woof woof woof woof woof woof. Woof
woof woof woof woof woof. Woof woof woof. Woof woof. Woof
woof woof woof woof woof, woof woof woof woof. Woof woof
woof woof woof. Woof woof woof woof woof woof, woof woof
woof woof woof woof woof. Woof woof woof woof woof, woof
woof woof woof woof. Woof woof woof woof, woof woof woof
woof. Woof woof woof woof woof woof woof, woof woof woof
woof woof woof woof woof.

Woof woof woof woof woof woof woof. Woof woof
woof, woof. Woof woof woof, woof woof. Woof woof woof woof
woof. Woof woof woof woof woof woof woof. Woof woof woof
woof woof woof, woof. Woof woof woof woof woof, woof woof
woof woof woof woof.

Woof woof woof woof woof woof woof. Woof woof
woof woof. Woof woof woof woof woof. Woof woof woof woof,
woof woof woof woof woof woof woof. Woof woof woof woof,
woof woof woof woof woof woof woof. Woof woof woof woof
woof woof woof woof. Woof woof woof woof woof woof. Woof
woof woof woof woof woof woof, woof woof woof woof woof
woof woof woof. Woof woof woof, woof woof.

Woof woof. Woof woof woof woof, woof woof woof

woof woof woof woof woof. Woof woof woof woof woof woof, woof woof. Woof woof woof woof woof, woof woof woof woof. Woof woof woof. Woof woof woof woof woof woof woof, woof woof woof. Woof woof woof woof woof woof woof woof woof woof, woof woof.

Woof woof woof woof woof woof woof woof woof. Woof woof woof woof woof woof woof woof. Woof woof woof woof. Woof woof woof woof woof, woof. Woof woof woof woof woof woof, woof woof woof. Woof woof woof woof woof woof, woof woof woof woof woof. Woof woof woof woof woof, woof woof woof. Woof woof woof woof. Woof woof woof woof woof, woof woof woof woof.

Woof woof woof woof. Woof woof woof, woof woof. Woof woof woof woof, woof woof woof woof woof woof woof woof. Woof woof woof woof woof woof woof woof woof, woof woof woof woof. Woof woof woof. Woof woof woof woof. Woof woof woof. Woof woof, woof woof woof woof woof.

Woof woof woof. Woof woof woof woof woof. Woof woof woof woof woof. Woof woof woof woof woof woof, woof woof woof woof woof. Woof woof woof woof woof woof woof. Woof woof woof woof woof. Woof woof woof woof. Woof woof woof woof woof woof, woof woof woof woof woof woof woof.

Woof woof woof woof woof woof woof woof woof. Woof woof woof woof, woof woof woof woof woof. Woof woof woof woof woof woof woof. Woof woof woof woof woof woof woof. Woof woof. Woof woof woof woof, woof woof woof woof woof.

Woof woof woof woof woof. Woof woof woof woof. Woof woof woof woof woof woof woof woof. Woof woof woof woof, woof woof. Woof woof woof woof, woof woof woof woof woof. Woof woof woof woof woof. Woof woof woof woof woof woof woof woof woof woof. Woof woof woof woof woof woof.

Woof woof, woof woof woof woof woof woof. Woof woof woof woof, woof. Woof woof woof, woof woof woof woof. Woof woof woof woof woof woof woof, woof woof woof woof woof.

Woof woof woof woof woof woof woof woof woof woof woof. Woof woof woof woof. Woof woof woof woof, woof woof woof woof. Woof woof woof woof woof woof woof, woof woof woof woof woof woof. Woof woof. Woof woof woof woof. Woof woof woof woof. Woof woof woof, woof.

Woof woof woof woof woof woof woof woof woof. Woof woof woof woof woof, woof woof woof woof woof woof woof. Woof woof woof woof woof woof woof woof woof, woof woof woof woof. Woof woof. Woof woof woof woof. Woof woof woof woof woof, woof woof woof. Woof woof woof woof woof woof, woof woof woof woof woof woof woof.

Woof woof woof. Woof woof woof. Woof woof woof woof woof woof, woof woof woof woof woof woof woof woof. Woof woof woof woof woof, woof woof woof. Woof woof woof woof woof woof woof woof, woof woof woof woof. Woof woof woof woof woof. Woof woof woof woof woof, woof woof.

Woof woof woof woof woof woof woof. Woof woof. Woof woof woof, woof woof woof woof woof. Woof woof woof woof woof. Woof woof woof. Woof woof woof woof. Woof woof woof woof woof woof, woof woof woof woof.

Woof woof woof woof woof. Woof woof woof woof woof woof woof, woof woof woof woof. Woof woof woof, woof. Woof woof woof woof woof woof, woof woof woof woof woof. Woof woof woof woof woof woof. Woof woof woof woof woof. Woof woof woof woof woof woof. Woof woof woof woof woof, woof woof woof woof. Woof woof woof woof woof, woof woof woof woof woof.

Woof woof woof woof woof woof woof. Woof woof woof woof. Woof woof woof, woof woof woof. Woof woof woof

woof woof woof woof woof, woof woof woof woof. Woof woof
woof woof woof woof woof, woof woof woof. Woof woof woof
woof woof woof. Woof woof woof. Woof woof woof woof woof
woof woof woof woof, woof woof woof woof.

Woof woof woof woof woof woof woof woof. Woof
woof woof. Woof woof woof woof woof. Woof woof woof woof
woof woof.

Woof woof, "Woof woof."

Woof woof woof, "Woof woof woof woof woof."

Woof woof woof, "Woof woof woof woof woof."

Woof woof woof woof woof woof woof woof woof.
Woof woof woof woof.

Woof woof woof, "Woof woof woof woof."

Woof, "Woof woof woof woof woof woof."

Woof woof woof, "Woof woof woof woof woof."

Woof woof, "Woof woof woof woof woof."

Woof woof woof woof. Woof woof woof woof woof
woof woof. Woof woof woof woof woof.

Woof, "Woof woof woof woof woof woof woof."

Woof woof woof, "Woof woof woof woof woof."

Woof woof woof woof, "Woof woof."

Woof woof woof, "Woof woof woof woof."

Woof woof woof woof woof woof woof woof woof.

Woof, "Woof woof woof woof."

Woof woof woof woof woof woof.

Woof, "Woof woof woof woof woof woof."

Woof woof, "Woof woof."

Woof, "Woof woof."

Woof woof woof, "Woof woof woof woof woof woof
woof woof."

Woof woof woof. Woof woof woof.

Woof woof, "Woof woof woof woof."

Woof woof woof, "Woof woof woof woof woof woof woof."

Woof woof, "Woof woof woof woof woof woof woof."
Woof, "Woof woof woof woof woof woof."

Woof woof woof, "Woof woof woof woof woof woof."
Woof woof. Woof woof woof woof woof woof. Woof woof woof woof woof woof.

Woof, "Woof woof woof woof woof woof."
Woof, "Woof woof woof."

Woof, "Woof woof woof woof woof woof woof woof."
Woof woof. Woof woof woof woof.

Woof, "Woof woof woof woof woof woof woof woof."
Woof, "Woof woof woof woof."

Woof, "Woof woof woof woof woof woof."
Woof woof, "Woof woof."

Woof, "Woof woof woof woof woof woof woof."
Woof woof woof woof woof woof woof. Woof woof woof woof woof. Woof woof woof woof.

Woof woof, "Woof woof."

Woof woof woof woof woof woof woof. Woof woof woof.

Woof woof woof, "Woof woof woof woof woof."
Woof woof, "Woof woof."

Woof woof woof woof, "Woof woof woof woof woof woof."

Woof woof woof, "Woof woof woof woof woof woof woof."

Woof woof woof woof, "Woof woof."
Woof, "Woof woof woof woof woof woof."
Woof, "Woof woof woof."

Woof woof woof woof woof woof. Woof woof. Woof woof woof woof woof woof woof woof.

26

Woof woof woof, "Woof woof woof woof."

Woof woof woof, "Woof woof woof woof woof woof."

Woof woof, "Woof woof woof woof woof woof."

Woof, "Woof woof woof."

Woof woof, "Woof woof woof woof woof woof woof woof woof woof woof."

Woof woof, "Woof woof woof."

Woof woof woof woof woof. Woof woof woof woof woof woof.

Woof woof woof woof, "Woof woof woof."

Woof woof woof woof woof woof woof woof. Woof woof woof woof. Woof woof woof woof. Woof woof woof woof.

Woof, "Woof woof."

Woof woof woof, "Woof woof woof woof woof woof."

Woof, "Woof woof woof woof."

Woof woof woof woof, "Woof woof woof woof woof."

Woof, "Woof woof woof woof woof woof woof woof woof woof."

Woof woof woof, "Woof woof woof woof woof woof woof."

Woof woof woof woof woof woof woof woof. Woof woof woof.

Woof woof, "Woof woof."

Woof woof woof, "Woof woof woof woof woof."

Woof woof, "Woof woof woof woof woof."

Woof woof, "Woof woof woof woof woof woof."

Woof woof, "Woof woof woof woof woof woof."

Woof woof woof. Woof woof woof woof woof woof woof woof.

Woof woof, "Woof woof woof."

Woof woof, "Woof woof woof woof."

Woof woof woof, "Woof woof woof woof woof woof."

Woof woof, "Woof woof woof."

Woof woof, "Woof woof woof woof woof woof."

Woof woof woof woof woof woof. Woof woof woof woof. Woof woof. Woof woof woof woof woof woof woof woof woof, woof woof woof woof. Woof woof woof woof woof, woof woof woof. Woof woof woof woof woof woof woof woof woof woof. Woof woof. Woof woof woof woof woof. Woof woof woof woof woof woof woof, woof woof woof woof woof woof woof.

Woof woof woof woof woof. Woof woof woof woof woof woof woof woof. Woof woof woof woof woof woof. Woof woof woof woof, woof woof. Woof woof woof woof woof woof, woof woof woof woof woof woof woof woof woof woof woof. Woof woof woof. Woof woof woof woof, woof woof woof. Woof woof woof woof woof woof, woof woof woof.

Woof woof woof woof woof. Woof woof woof woof woof. Woof woof woof woof woof woof, woof woof woof woof. Woof woof, woof woof woof woof woof. Woof woof woof woof woof, woof woof woof. Woof woof woof woof. Woof woof woof woof woof woof. Woof woof woof woof, woof woof woof woof woof. Woof woof woof woof woof woof woof woof, woof woof woof woof woof woof. Woof woof woof woof woof, woof woof woof. Woof woof woof woof, woof woof woof woof woof woof woof woof.

Woof woof woof woof woof woof. Woof woof woof woof woof. Woof woof woof woof. Woof woof woof woof woof woof. Woof woof woof woof woof woof woof woof, woof woof woof woof. Woof woof woof woof woof, woof woof woof. Woof woof. Woof woof woof, woof woof woof. Woof woof woof woof woof, woof woof woof woof. Woof woof woof woof woof, woof woof woof woof woof.

Woof woof woof woof woof woof woof. Woof woof woof woof woof woof woof. Woof woof woof. Woof woof woof

woof woof woof woof, woof woof. Woof woof woof, woof woof woof woof woof woof. Woof woof woof woof woof, woof woof woof. Woof woof. Woof woof woof woof woof. Woof woof woof woof. Woof woof woof woof, woof woof. Woof woof woof woof woof, woof woof woof woof woof woof woof woof woof. Woof woof, woof woof.

Woof woof woof woof woof woof woof. Woof woof. Woof woof woof, woof woof woof woof woof woof woof woof woof. Woof woof woof woof woof woof woof woof woof woof woof. Woof woof woof woof woof. Woof woof woof woof woof woof. Woof woof woof woof woof woof woof. Woof woof woof woof woof woof woof, woof woof woof woof woof woof woof. Woof woof woof woof woof woof, woof woof woof woof.

Woof woof woof woof woof woof. Woof woof woof woof woof woof, woof woof woof woof woof. Woof woof woof woof woof woof, woof woof woof woof woof woof. Woof woof woof woof woof woof woof. Woof woof woof woof. Woof woof woof woof woof woof woof woof woof. Woof woof woof. Woof woof woof woof woof woof, woof woof woof woof woof. Woof woof woof woof woof woof, woof woof woof woof.

Woof woof woof woof. Woof woof woof woof woof woof woof. Woof woof woof woof, woof woof woof. Woof woof, woof woof woof. Woof woof woof woof woof. Woof woof woof woof woof. Woof woof woof, woof woof woof woof woof.

Woof woof woof woof woof woof woof. Woof woof woof. Woof woof woof woof. Woof woof woof, woof woof woof. Woof woof woof, woof woof woof woof woof woof woof. Woof woof woof woof, woof woof woof. Woof woof woof woof woof woof woof woof, woof woof. Woof woof woof woof woof. Woof woof woof woof woof woof. Woof woof woof woof woof. Woof woof woof woof woof woof, woof woof woof. Woof woof woof woof woof woof, woof woof woof woof woof. Woof woof

woof, woof woof woof woof.

Woof woof woof. Woof woof woof woof woof woof woof woof woof woof woof. Woof woof woof. Woof woof woof, woof woof woof woof woof woof woof woof. Woof woof woof woof woof, woof woof. Woof woof woof woof woof, woof woof woof. Woof woof woof, woof woof woof. Woof woof woof woof woof woof woof. Woof woof woof. Woof woof woof woof woof woof woof, woof woof woof. Woof woof woof woof, woof.

Woof woof woof woof woof woof woof woof woof woof woof woof. Woof woof woof woof woof woof woof woof woof. Woof woof woof, woof woof woof woof woof woof woof. Woof woof woof, woof woof woof woof woof woof woof. Woof woof. Woof woof woof woof woof woof woof. Woof woof woof woof. Woof woof woof woof woof, woof woof woof woof woof. Woof woof woof woof woof woof, woof woof woof woof woof woof woof. Woof woof woof woof, woof woof woof.

Woof woof woof woof. Woof woof woof woof woof woof woof woof woof woof. Woof woof woof woof woof, woof woof. Woof woof woof woof woof woof, woof woof. Woof woof woof, woof woof woof. Woof woof woof woof woof. Woof woof woof woof woof woof woof. Woof woof woof, woof woof woof. Woof woof woof woof woof woof woof, woof woof woof woof woof.

Woof woof woof woof woof woof. Woof woof woof woof woof woof woof. Woof woof woof woof woof. Woof woof woof woof, woof woof woof woof woof woof. Woof woof woof. Woof woof woof woof woof. Woof woof woof woof woof woof woof, woof woof woof woof woof woof woof.

Woof woof woof. Woof woof woof woof. Woof woof woof woof. Woof woof woof woof woof woof woof woof, woof woof woof woof. Woof woof, woof woof woof woof. Woof woof. Woof woof woof woof woof woof. Woof woof woof, woof. Woof

woof woof woof woof, woof woof woof woof woof woof.

Woof woof woof woof woof woof woof woof woof woof. Woof woof woof woof woof woof woof woof. Woof woof woof woof woof, woof woof woof woof woof. Woof woof woof woof woof woof woof, woof woof woof woof woof. Woof woof woof, woof woof. Woof woof woof woof woof, woof woof woof. Woof woof woof. Woof woof woof woof woof woof woof woof. Woof woof woof woof woof woof woof woof. Woof woof woof woof woof woof woof woof, woof woof woof. Woof woof woof woof, woof woof woof. Woof woof woof, woof woof. Woof woof woof, woof woof woof woof woof.

Woof woof woof woof woof woof woof woof woof woof woof. Woof woof woof. Woof woof woof woof woof woof woof. Woof woof woof woof woof. Woof woof woof woof woof woof woof, woof woof woof woof. Woof woof woof woof, woof woof woof woof. Woof woof woof woof woof, woof woof woof woof woof woof woof. Woof woof, woof woof woof woof woof. Woof woof woof woof woof. Woof woof woof woof, woof woof woof. Woof woof woof woof, woof woof woof woof woof woof.

Woof woof woof woof woof. Woof woof woof woof woof woof. Woof woof woof woof woof woof. Woof woof woof woof woof woof woof. Woof woof woof woof woof woof, woof woof. Woof woof woof woof woof. Woof woof woof woof woof woof woof. Woof woof woof woof, woof woof woof woof woof woof. Woof woof woof woof woof woof, woof woof woof.

Woof woof woof woof woof. Woof woof woof woof woof woof woof, woof woof woof woof. Woof woof woof woof woof woof woof, woof woof woof woof woof woof woof. Woof woof woof woof woof woof woof woof woof woof woof, woof woof woof woof woof woof. Woof woof woof woof woof. Woof woof woof. Woof woof woof woof woof. Woof woof, woof woof woof woof woof woof. Woof woof woof woof, woof woof

woof. Woof woof woof woof, woof woof. Woof woof woof woof woof, woof woof woof woof woof.

Woof woof woof woof woof. Woof woof woof woof woof woof woof woof woof woof woof woof. Woof woof woof, woof woof woof woof woof woof woof woof. Woof woof woof woof woof woof woof woof, woof woof woof woof woof woof woof woof. Woof woof woof woof woof, woof woof woof woof woof woof woof. Woof woof woof woof woof. Woof woof woof woof woof, woof woof woof woof.

Woof woof woof woof woof woof. Woof woof woof woof woof. Woof woof woof woof woof woof woof woof woof woof woof, woof. Woof woof woof woof woof woof, woof woof woof. Woof woof, woof woof woof woof woof woof woof woof. Woof woof. Woof woof woof woof woof, woof woof woof woof. Woof woof, woof woof.

Woof woof woof woof woof woof woof woof woof. Woof woof woof woof woof woof woof woof woof.

Woof woof woof woof, "Woof woof woof woof."

Woof, "Woof woof woof woof woof woof."

Woof woof woof woof woof woof woof woof. Woof woof woof woof woof woof woof woof woof woof woof woof.

Woof woof woof woof, "Woof woof woof woof woof woof."

Woof woof woof, "Woof woof."

Woof, "Woof woof woof woof woof woof woof."

Woof, "Woof woof woof woof woof woof."

Woof woof woof woof woof woof woof woof woof.

Woof woof woof, "Woof woof woof woof woof."

Woof woof, "Woof woof woof woof woof woof woof."

Woof, "Woof woof woof woof."

Woof woof woof woof. Woof woof woof. Woof woof woof woof woof.

Woof, "Woof woof woof."

Woof woof woof woof woof woof woof woof woof. Woof woof woof woof.

Woof woof, "Woof woof woof woof woof woof."

Woof woof, "Woof woof woof woof woof woof woof."

Woof woof woof woof, "Woof woof woof woof woof woof woof woof."

Woof, "Woof woof woof woof."

Woof woof woof woof. Woof woof woof woof woof woof woof.

Woof woof, "Woof woof woof woof woof woof woof woof woof woof woof."

Woof woof, "Woof woof woof."

Woof woof woof woof, "Woof woof woof woof woof woof woof woof woof woof."

Woof woof woof woof woof woof. Woof woof woof woof woof. Woof woof woof. Woof woof woof woof woof woof.

Woof, "Woof woof woof woof woof woof woof woof woof."

Woof woof woof, "Woof woof woof woof."

Woof woof, "Woof woof woof woof woof woof."

Woof woof woof woof woof.

Woof woof, "Woof woof woof woof woof."

Woof woof woof, "Woof woof woof woof."

Woof woof, "Woof woof."

Woof woof woof woof woof woof woof woof woof woof. Woof woof woof woof woof woof woof. Woof woof woof woof woof woof woof woof woof.

Woof woof woof, "Woof woof woof woof."

Woof woof, "Woof woof woof woof woof woof."

Woof woof woof woof woof woof. Woof woof woof woof woof woof woof. Woof woof woof woof woof woof woof

woof woof.

Woof woof woof, "Woof woof woof."

Woof woof, "Woof woof woof woof woof woof woof woof woof."

Woof woof, "Woof woof woof."

Woof, "Woof woof woof woof woof woof."

Woof woof woof. Woof woof woof woof. Woof woof woof.

Woof woof, "Woof woof woof woof woof woof woof woof."

Woof, "Woof woof."

Woof woof woof woof woof woof woof. Woof woof woof woof.

Woof woof woof, "Woof woof."

Woof woof, "Woof woof woof woof woof."

Woof woof woof, "Woof woof woof."

Woof woof, "Woof woof woof woof woof."

Woof woof, "Woof woof woof woof woof woof woof woof."

Woof woof woof woof woof woof woof. Woof woof woof woof woof woof. Woof woof woof woof woof.

Woof woof woof, "Woof woof woof."

Woof woof, "Woof woof woof woof woof woof woof woof woof."

Woof woof woof, "Woof woof woof."

Woof woof woof woof, "Woof woof woof woof woof woof woof woof woof."

Woof woof, "Woof woof woof woof woof."

Woof woof woof woof woof woof woof. Woof woof woof woof woof. Woof woof woof woof woof woof.

Woof, "Woof woof woof woof."

Woof woof woof woof woof woof woof woof woof.

Woof woof, "Woof woof woof woof woof woof woof."
Woof woof woof, "Woof woof woof."
Woof woof woof, "Woof woof woof woof woof."
Woof, "Woof woof woof woof woof woof woof woof woof."

Woof woof, "Woof woof woof woof woof."
Woof, "Woof woof woof woof woof."
Woof woof woof woof.
Woof woof, "Woof woof woof."

Woof woof woof, "Woof woof woof woof."

Woof woof, "Woof woof."

WOOF

Woof woof woof woof woof woof. Woof woof woof. Woof woof woof woof woof woof woof woof, woof woof woof woof woof woof woof. Woof woof woof woof woof woof woof, woof woof woof woof. Woof woof woof woof, woof woof woof woof. Woof woof woof woof, woof woof woof. Woof woof woof woof woof woof woof. Woof woof woof woof woof woof, woof woof woof. Woof woof woof woof woof woof woof woof woof, woof woof woof woof woof woof woof woof. Woof woof woof woof woof. Woof woof woof woof. Woof woof woof woof woof woof woof woof, woof woof woof woof woof woof. Woof woof woof woof woof, woof woof woof woof woof. Woof woof woof woof woof woof woof, woof woof woof woof woof. Woof woof woof woof woof. Woof woof woof woof woof. Woof woof woof woof woof woof, woof woof woof. Woof woof woof woof woof woof, woof woof woof woof woof woof woof woof. Woof woof woof woof woof woof woof woof woof, woof woof woof

woof woof woof.

Woof woof woof woof woof woof woof woof. Woof woof woof. Woof woof woof woof woof woof woof woof. Woof woof woof woof, woof woof woof woof woof. Woof woof woof woof, woof woof woof. Woof woof woof woof woof woof woof woof woof, woof woof woof woof woof woof. Woof woof woof woof woof woof. Woof woof woof woof woof, woof. Woof woof woof woof woof woof woof, woof woof woof woof. Woof woof woof woof woof woof, woof woof woof woof woof.

Woof woof woof woof woof woof woof woof woof. Woof woof woof, woof woof woof woof woof woof. Woof woof woof woof woof woof woof woof, woof woof woof woof woof. Woof woof woof, woof woof woof woof. Woof woof woof, woof woof woof woof woof woof woof woof. Woof woof woof woof. Woof woof woof woof woof woof woof woof woof woof. Woof woof woof woof woof woof woof woof, woof woof woof woof. Woof woof woof, woof woof woof woof woof. Woof woof, woof woof woof. Woof woof woof woof woof, woof woof woof.

Woof woof woof woof woof. Woof woof. Woof woof woof, woof woof woof. Woof woof woof woof woof woof woof, woof woof woof woof woof woof woof woof woof. Woof woof woof woof woof. Woof woof woof woof. Woof woof woof woof, woof woof.

Woof woof woof. Woof woof woof. Woof woof woof woof woof woof, woof woof woof woof woof woof woof woof. Woof woof woof woof woof woof, woof. Woof woof woof woof woof. Woof woof woof, woof woof woof woof woof woof. Woof woof woof woof woof woof woof, woof woof woof woof woof. Woof woof woof woof woof woof, woof woof.

Woof woof woof woof woof woof woof. Woof woof woof. Woof woof woof, woof woof woof woof woof. Woof woof woof woof, woof woof woof woof. Woof woof woof woof. Woof

woof woof woof woof woof woof woof woof woof. Woof woof, woof woof woof woof woof. Woof woof woof woof woof woof, woof woof woof woof woof woof. Woof woof woof, woof woof woof woof woof woof woof.

Woof woof woof woof woof woof woof woof woof woof. Woof woof woof woof woof woof woof woof woof. Woof woof woof woof. Woof woof woof woof woof woof woof. Woof woof woof woof, woof woof woof woof woof. Woof woof woof woof woof woof woof woof woof, woof woof woof woof woof woof woof woof woof. Woof woof woof woof woof woof. Woof woof woof woof. Woof woof woof woof woof woof, woof woof woof woof woof woof. Woof woof woof woof woof woof, woof woof woof woof woof. Woof woof woof woof woof woof woof, woof woof woof woof.

Woof woof woof woof woof. Woof woof woof woof, woof. Woof woof woof woof woof. Woof woof woof woof, woof woof. Woof woof woof, woof woof woof. Woof woof woof, woof woof woof woof.

Woof woof woof woof woof woof woof woof woof. Woof woof woof woof woof woof woof woof. Woof woof woof woof woof, woof woof woof woof woof woof woof. Woof woof woof woof woof woof, woof woof woof woof woof woof. Woof woof woof, woof woof woof woof woof woof woof woof. Woof woof woof woof woof woof woof woof woof. Woof woof woof woof, woof woof woof woof woof woof. Woof woof woof woof woof woof woof woof woof, woof woof woof woof woof woof.

Woof woof woof woof woof woof woof woof woof woof. Woof woof woof, woof woof woof. Woof woof woof woof woof woof woof, woof woof. Woof woof woof woof woof woof woof woof, woof woof woof woof woof woof woof woof woof. Woof woof woof woof woof woof woof woof. Woof woof woof woof woof woof woof woof woof. Woof woof woof woof

woof woof woof woof woof. Woof woof woof woof woof woof woof woof woof, woof woof woof woof.

Woof woof woof woof woof woof. Woof woof woof woof. Woof woof. Woof woof. Woof woof woof, woof woof woof woof. Woof woof woof woof woof woof woof, woof woof woof woof woof woof woof woof. Woof woof. Woof woof woof woof woof woof. Woof woof woof woof woof. Woof woof woof woof woof woof, woof. Woof woof woof, woof woof woof woof.

Woof woof woof woof woof woof. Woof woof woof, woof woof woof woof woof woof woof woof. Woof woof woof woof woof, woof woof woof. Woof woof woof, woof woof woof. Woof woof woof, woof woof woof. Woof woof woof woof. Woof woof woof woof woof woof woof woof. Woof woof woof woof woof, woof woof.

Woof woof woof woof woof woof woof woof. Woof woof woof woof woof woof. Woof woof woof woof woof woof, woof woof woof woof woof. Woof woof woof, woof woof. Woof woof woof woof, woof woof. Woof woof woof woof woof. Woof woof woof woof woof woof, woof woof woof woof woof. Woof woof woof woof woof, woof woof woof woof woof woof woof.

Woof woof woof. Woof woof woof woof woof woof woof woof woof woof woof woof woof. Woof woof woof woof woof woof. Woof woof woof woof, woof woof woof. Woof woof woof woof woof woof. Woof woof. Woof woof woof woof, woof woof. Woof woof woof woof woof woof woof woof woof, woof woof. Woof woof woof woof woof woof, woof woof woof woof woof woof woof woof. Woof woof woof woof woof woof woof, woof woof woof.

Woof woof woof woof woof woof woof. Woof woof woof woof woof woof woof woof. Woof woof woof woof woof, woof woof woof. Woof woof woof, woof woof. Woof woof woof

woof woof woof, woof. Woof woof woof woof woof. Woof woof
woof woof woof woof, woof woof woof woof woof woof. Woof
woof woof woof woof woof woof woof, woof woof woof. Woof
woof woof woof woof woof woof, woof woof.

Woof woof woof woof. Woof woof woof woof. Woof
woof woof. Woof woof woof woof woof woof woof, woof woof
woof woof. Woof woof woof woof woof, woof woof woof woof
woof woof woof woof woof woof. Woof woof woof woof woof
woof woof woof woof woof. Woof woof woof woof woof woof
woof. Woof woof, woof woof woof. Woof woof woof woof woof
woof, woof woof woof woof woof. Woof woof woof woof, woof
woof woof woof woof woof woof.

Woof woof woof. Woof woof woof woof woof woof
woof woof, woof woof woof woof woof woof woof. Woof woof
woof woof woof woof, woof woof woof woof woof woof woof
woof. Woof woof woof woof woof woof. Woof woof woof woof.
Woof woof woof woof woof woof. Woof woof woof woof, woof
woof. Woof woof woof woof woof woof woof, woof woof woof.

Woof woof woof woof woof woof. Woof woof woof
woof. Woof woof woof. Woof woof woof woof, woof woof woof
woof woof. Woof woof woof woof, woof woof woof woof woof
woof. Woof woof woof woof, woof. Woof woof woof, woof woof
woof woof. Woof woof woof woof. Woof woof woof woof woof
woof woof, woof woof woof. Woof woof woof, woof woof woof
woof woof. Woof woof woof woof woof woof woof woof woof
woof, woof.

Woof woof woof woof woof woof woof woof. Woof
woof woof woof woof woof woof woof. Woof woof woof, woof
woof woof woof woof woof woof woof. Woof woof woof woof,
woof woof. Woof woof woof woof woof woof, woof woof. Woof
woof. Woof woof woof woof woof woof woof. Woof woof woof
woof. Woof woof woof woof, woof woof woof woof woof woof

woof woof woof.

Woof woof. Woof woof. Woof woof woof woof woof woof woof. Woof woof woof woof woof woof woof woof. Woof woof woof woof woof woof, woof. Woof woof woof, woof woof woof woof. Woof woof woof woof woof. Woof woof woof woof woof woof woof woof woof woof woof. Woof woof woof woof woof woof woof. Woof woof woof woof. Woof woof woof woof, woof woof woof woof. Woof woof woof woof woof woof woof woof woof woof, woof woof woof woof woof woof.

Woof woof woof woof woof woof woof. Woof woof woof woof. Woof woof woof woof woof woof woof, woof woof woof. Woof woof, woof woof woof woof woof. Woof woof woof woof woof woof woof woof. Woof woof woof. Woof woof woof woof woof, woof woof woof. Woof woof woof woof woof, woof woof woof woof woof woof. Woof woof woof woof woof woof woof woof woof, woof woof woof woof woof.

Woof woof woof woof woof. Woof woof woof woof woof woof woof woof woof woof. Woof woof woof woof woof woof woof. Woof woof woof woof woof woof woof woof, woof woof woof woof. Woof woof woof woof woof, woof woof woof woof woof woof woof. Woof woof woof woof. Woof woof woof woof woof woof woof woof woof woof woof. Woof woof woof woof woof woof woof woof woof. Woof woof woof woof woof woof woof, woof. Woof woof woof woof woof, woof woof woof. Woof woof woof woof, woof woof woof woof woof.

Woof woof woof woof. Woof woof woof woof. Woof woof woof woof woof woof woof woof woof, woof woof woof woof woof woof woof woof woof woof woof. Woof woof woof, woof woof woof woof woof woof. Woof woof woof woof woof, woof woof. Woof woof woof. Woof woof woof woof woof. Woof woof woof woof woof woof, woof woof.

Woof woof woof woof woof. Woof woof woof woof,

woof woof woof. Woof woof woof woof. Woof woof woof woof. Woof woof woof woof woof woof woof, woof woof woof woof woof. Woof woof woof woof woof, woof woof woof woof woof woof.

Woof woof woof woof woof. Woof woof woof woof woof, woof woof woof woof woof. Woof woof woof woof woof, woof woof woof. Woof woof woof woof. Woof woof woof woof woof woof. Woof woof woof woof woof, woof woof woof woof. Woof woof woof, woof woof woof woof woof. Woof woof woof woof woof, woof.

WOOF

Woof woof woof. Woof woof woof woof woof. Woof woof woof woof woof, woof woof woof woof woof woof woof. Woof woof woof woof woof woof, woof woof woof. Woof woof woof woof woof woof, woof woof. Woof woof woof woof, woof woof. Woof woof woof woof woof. Woof woof, woof woof woof. Woof woof woof woof woof woof woof woof woof, woof woof woof.

Woof woof woof woof woof woof woof woof. Woof woof woof woof woof woof woof woof. Woof woof woof, woof woof woof. Woof woof woof woof woof, woof woof woof. Woof woof woof woof woof woof woof, woof woof. Woof woof woof woof woof, woof woof woof woof woof. Woof woof woof woof woof woof woof. Woof woof woof woof woof woof woof woof woof. Woof woof woof woof woof woof woof, woof woof woof woof woof.

Woof woof woof woof. Woof woof woof woof woof

woof woof woof woof woof woof. Woof woof woof woof woof. Woof woof woof, woof woof woof. Woof woof woof woof. Woof woof woof woof woof woof woof woof woof. Woof woof woof woof woof woof woof, woof woof woof woof woof woof. Woof woof woof woof woof woof, woof woof woof woof. Woof woof woof woof, woof woof woof woof woof.

Woof woof woof woof woof woof woof. Woof woof woof woof woof, woof woof woof woof. Woof woof woof woof woof woof, woof woof woof. Woof woof woof woof woof. Woof woof woof woof woof, woof woof woof. Woof woof woof woof woof woof woof woof woof, woof woof woof woof woof.

Woof woof woof woof woof woof woof woof. Woof woof woof woof woof woof woof. Woof woof woof. Woof woof. Woof woof woof woof woof, woof woof woof woof. Woof woof woof woof woof. Woof woof woof woof woof woof, woof woof woof woof woof woof woof. Woof woof woof woof woof, woof woof woof woof woof. Woof woof woof woof, woof woof woof woof. Woof woof woof woof woof woof woof, woof woof woof woof woof woof woof woof.

Woof woof woof woof woof woof woof. Woof woof woof, woof. Woof woof woof, woof woof. Woof woof woof woof woof. Woof woof woof woof woof woof woof. Woof woof woof woof woof woof, woof. Woof woof woof woof woof, woof woof woof woof woof woof.

Woof woof woof woof woof woof woof. Woof woof woof woof. Woof woof woof woof woof. Woof woof woof woof, woof woof woof woof woof woof woof. Woof woof woof woof, woof woof woof woof woof woof woof. Woof woof woof woof woof woof woof woof. Woof woof woof woof woof woof. Woof woof woof woof woof woof woof, woof woof woof woof woof woof woof woof. Woof woof woof, woof woof.

Woof woof. Woof woof woof woof, woof woof woof

woof woof woof woof woof. Woof woof woof woof woof woof,
woof woof. Woof woof woof woof woof, woof woof woof woof.
Woof woof woof. Woof woof woof woof woof woof woof, woof
woof woof. Woof woof woof woof woof woof woof woof woof
woof, woof woof.

Woof woof woof woof woof woof woof woof woof.
Woof woof woof woof woof woof woof woof woof. Woof woof
woof woof. Woof woof woof woof woof, woof. Woof woof woof
woof woof woof, woof woof woof. Woof woof woof woof woof
woof, woof woof woof woof woof. Woof woof woof woof woof,
woof woof woof. Woof woof woof woof. Woof woof woof woof
woof, woof woof woof.

Woof woof woof woof. Woof woof woof, woof woof.
Woof woof woof woof, woof woof woof woof woof woof woof
woof. Woof woof woof woof woof woof woof woof woof, woof
woof woof woof. Woof woof woof. Woof woof woof woof. Woof
woof woof. Woof woof, woof woof woof woof woof.

Woof woof woof. Woof woof woof woof woof. Woof
woof woof woof woof. Woof woof woof woof woof woof, woof
woof woof woof woof. Woof woof woof woof woof woof. Woof
woof woof woof woof. Woof woof woof woof. Woof woof woof
woof woof woof, woof woof woof woof woof woof woof.

Woof woof woof woof woof woof woof woof woof.
Woof woof woof woof, woof woof woof woof woof. Woof woof
woof woof woof woof woof. Woof woof woof woof woof woof
woof. Woof woof. Woof woof woof woof, woof woof woof woof
woof.

Woof woof woof woof woof. Woof woof woof woof.
Woof woof woof woof woof woof woof woof. Woof woof woof
woof, woof woof. Woof woof woof woof, woof woof woof woof
woof. Woof woof woof woof woof. Woof woof woof woof woof
woof woof woof woof woof. Woof woof woof woof woof woof.

Woof woof, woof woof woof woof woof woof. Woof woof woof woof, woof. Woof woof woof, woof woof woof woof. Woof woof woof woof woof woof woof, woof woof woof woof woof.

Woof woof woof woof woof woof woof woof woof woof woof. Woof woof woof woof. Woof woof woof woof, woof woof woof woof. Woof woof woof woof woof woof woof, woof woof woof woof woof woof. Woof woof. Woof woof woof woof. Woof woof woof woof. Woof woof woof, woof.

Woof woof woof woof woof woof woof woof woof. Woof woof woof woof woof, woof woof woof woof woof woof woof woof. Woof woof woof woof woof woof woof woof woof, woof woof woof woof woof. Woof woof. Woof woof woof woof. Woof woof woof woof woof, woof woof woof. Woof woof woof woof woof woof, woof woof woof woof woof woof woof.

Woof woof woof. Woof woof woof. Woof woof woof woof woof woof, woof woof woof woof woof woof woof. Woof woof woof woof woof, woof woof woof. Woof woof woof woof woof woof woof woof, woof woof woof woof. Woof woof woof woof woof. Woof woof woof woof woof woof, woof woof.

Woof woof woof woof woof woof woof. Woof woof. Woof woof woof, woof woof woof woof woof. Woof woof woof woof woof. Woof woof woof. Woof woof woof woof. Woof woof woof woof woof woof, woof woof woof woof.

Woof woof woof woof woof. Woof woof woof woof woof woof woof, woof woof woof woof. Woof woof woof, woof. Woof woof woof woof woof woof, woof woof woof woof woof. Woof woof woof woof woof woof. Woof woof woof woof woof. Woof woof woof woof woof woof. Woof woof woof woof woof, woof woof woof woof. Woof woof woof woof woof, woof woof woof woof woof.

Woof woof woof woof woof woof woof. Woof woof woof woof. Woof woof woof, woof woof woof. Woof woof woof

woof woof woof woof woof, woof woof woof woof. Woof woof
woof woof woof woof woof, woof woof woof. Woof woof woof
woof woof woof. Woof woof woof. Woof woof woof woof woof
woof woof woof woof, woof woof woof woof.

Woof woof woof woof woof woof woof woof. Woof
woof woof. Woof woof woof woof woof. Woof woof woof woof
woof woof.

Woof woof, "Woof woof."

Woof woof woof, "Woof woof woof woof woof."

Woof woof woof, "Woof woof woof woof woof."

Woof woof woof woof woof woof woof woof woof.
Woof woof woof woof.

Woof woof woof, "Woof woof woof woof."

Woof, "Woof woof woof woof woof woof."

Woof woof woof, "Woof woof woof woof woof."

Woof woof, "Woof woof woof woof woof."

Woof woof woof woof. Woof woof woof woof woof
woof woof. Woof woof woof woof woof.

Woof, "Woof woof woof woof woof woof woof."

Woof woof woof, "Woof woof woof woof woof."

Woof woof woof woof, "Woof woof."

Woof woof woof, "Woof woof woof woof."

Woof woof woof woof woof woof woof woof woof.

Woof, "Woof woof woof woof."

Woof woof woof woof woof woof.

Woof, "Woof woof woof woof woof woof."

Woof woof, "Woof woof."

Woof, "Woof woof."

Woof woof woof, "Woof woof woof woof woof woof
woof woof."

Woof woof woof. Woof woof woof.

Woof woof, "Woof woof woof woof."

Woof woof woof, "Woof woof woof woof woof woof woof."

Woof woof, "Woof woof woof woof woof woof woof."

Woof, "Woof woof woof woof woof woof."

Woof woof woof, "Woof woof woof woof woof woof."

Woof woof. Woof woof woof woof woof woof. Woof woof woof woof woof woof.

Woof, "Woof woof woof woof woof woof."

Woof, "Woof woof woof."

Woof, "Woof woof woof woof woof woof woof woof."

Woof woof. Woof woof woof woof.

Woof, "Woof woof woof woof woof woof woof woof."

Woof, "Woof woof woof woof."

Woof, "Woof woof woof woof woof woof."

Woof woof, "Woof woof."

Woof, "Woof woof woof woof woof woof woof."

Woof woof woof woof woof woof woof. Woof woof woof woof woof. Woof woof woof woof.

Woof woof, "Woof woof."

Woof woof woof woof woof woof woof. Woof woof woof.

Woof woof woof, "Woof woof woof woof woof."

Woof woof, "Woof woof."

Woof woof woof woof, "Woof woof woof woof woof woof."

Woof woof woof, "Woof woof woof woof woof woof woof."

Woof woof woof woof, "Woof woof."

Woof, "Woof woof woof woof woof woof."

Woof, "Woof woof woof."

Woof woof woof woof woof woof. Woof woof. Woof woof woof woof woof woof woof woof.

Woof woof woof, "Woof woof woof woof."

Woof woof woof, "Woof woof woof woof woof woof."

Woof woof, "Woof woof woof woof woof woof."

Woof, "Woof woof woof."

Woof woof, "Woof woof woof woof woof woof woof woof woof woof woof."

Woof woof, "Woof woof woof."

Woof woof woof woof woof. Woof woof woof woof woof woof.

Woof woof woof woof, "Woof woof woof."

Woof woof woof woof woof woof woof woof. Woof woof woof woof. Woof woof woof woof. Woof woof woof woof.

Woof, "Woof woof."

Woof woof woof, "Woof woof woof woof woof woof."

Woof, "Woof woof woof woof."

Woof woof woof woof, "Woof woof woof woof woof."

Woof, "Woof woof woof woof woof woof woof woof woof woof."

Woof woof woof, "Woof woof woof woof woof woof woof."

Woof woof woof woof woof woof woof woof. Woof woof woof.

Woof woof, "Woof woof."

Woof woof woof, "Woof woof woof woof woof."

Woof woof, "Woof woof woof woof woof."

Woof woof, "Woof woof woof woof woof woof."

Woof woof, "Woof woof woof woof woof woof."

Woof woof woof. Woof woof woof woof woof woof woof woof.

Woof woof, "Woof woof woof."

Woof woof, "Woof woof woof woof."

Woof woof woof, "Woof woof woof woof woof woof."

Woof woof, "Woof woof woof."

Woof woof, "Woof woof woof woof woof woof."

Woof woof woof woof woof woof. Woof woof woof woof. Woof woof. Woof woof. Woof woof woof woof woof woof woof woof woof, woof woof woof woof. Woof woof woof woof woof, woof woof woof. Woof woof woof woof woof woof woof woof woof woof. Woof woof. Woof woof woof woof woof. Woof woof woof woof woof woof woof, woof woof woof woof woof woof woof.

Woof woof woof woof woof. Woof woof woof woof woof woof woof woof. Woof woof woof woof woof woof woof. Woof woof woof woof, woof woof. Woof woof woof woof woof woof, woof woof woof woof woof woof woof woof woof woof woof. Woof woof woof. Woof woof woof woof, woof woof woof. Woof woof woof woof woof woof, woof woof woof.

Woof woof woof woof woof. Woof woof woof woof woof. Woof woof woof woof woof woof, woof woof woof woof. Woof woof, woof woof woof woof woof. Woof woof woof woof woof, woof woof woof. Woof woof woof woof. Woof woof woof woof woof woof. Woof woof woof woof, woof woof woof woof woof. Woof woof woof woof woof woof woof woof, woof woof woof woof woof woof. Woof woof woof woof woof, woof woof woof. Woof woof woof woof, woof woof woof woof woof woof woof woof.

Woof woof woof woof woof woof. Woof woof woof woof woof. Woof woof woof woof. Woof woof woof woof woof woof. Woof woof woof woof woof woof woof woof, woof woof woof woof. Woof woof woof woof woof, woof woof woof. Woof woof. Woof woof woof, woof woof woof. Woof woof woof woof woof, woof woof woof woof. Woof woof woof woof woof, woof woof woof woof woof.

Woof woof woof woof woof woof woof. Woof woof woof woof woof woof woof. Woof woof woof. Woof woof woof

woof woof woof woof, woof woof. Woof woof woof, woof woof woof woof woof woof. Woof woof woof woof woof, woof woof woof. Woof woof. Woof woof woof woof woof. Woof woof woof woof. Woof woof woof woof, woof woof. Woof woof woof woof woof, woof woof woof woof woof woof woof woof woof. Woof woof, woof woof.

Woof woof woof woof woof woof woof. Woof woof. Woof woof woof, woof woof woof woof woof woof woof woof woof. Woof woof woof woof woof woof woof woof woof woof woof. Woof woof woof woof woof. Woof woof woof woof woof woof. Woof woof woof woof woof woof woof. Woof woof woof woof woof woof woof, woof woof woof woof woof woof woof. Woof woof woof woof woof woof, woof woof woof woof.

Woof woof woof woof woof woof. Woof woof woof woof woof woof, woof woof woof woof woof. Woof woof woof woof woof woof, woof woof woof woof woof woof. Woof woof woof woof woof woof. Woof woof woof woof. Woof woof woof woof woof woof woof woof woof. Woof woof woof. Woof woof woof woof woof woof, woof woof woof woof woof. Woof woof woof woof woof woof, woof woof woof woof.

Woof woof woof woof. Woof woof woof woof woof woof woof. Woof woof woof woof, woof woof woof. Woof woof, woof woof woof. Woof woof woof woof woof. Woof woof woof woof woof. Woof woof woof, woof woof woof woof woof.

Woof woof woof woof woof woof woof. Woof woof woof. Woof woof woof woof. Woof woof woof, woof woof woof. Woof woof woof, woof woof woof woof woof woof woof. Woof woof woof woof, woof woof woof. Woof woof woof woof woof woof woof woof, woof woof. Woof woof woof woof woof. Woof woof woof woof woof woof woof woof. Woof woof woof woof woof woof woof. Woof woof woof woof woof woof, woof woof woof. Woof woof woof woof woof woof, woof woof woof woof woof. Woof woof

woof, woof woof woof woof.

Woof woof woof. Woof woof woof woof woof woof woof woof woof woof woof. Woof woof woof. Woof woof woof, woof woof woof woof woof woof woof woof. Woof woof woof woof woof, woof woof. Woof woof woof woof woof, woof woof woof. Woof woof woof, woof woof woof. Woof woof woof woof woof woof woof. Woof woof woof. Woof woof woof woof woof woof woof, woof woof woof. Woof woof woof woof, woof.

Woof woof woof woof woof woof woof woof woof woof woof woof. Woof woof woof woof woof woof woof woof woof. Woof woof woof, woof woof woof woof woof woof woof. Woof woof woof, woof woof woof woof woof woof woof. Woof woof. Woof woof woof woof woof woof woof. Woof woof woof woof. Woof woof woof woof woof, woof woof woof woof woof. Woof woof woof woof woof woof, woof woof woof woof woof woof woof. Woof woof woof woof, woof woof woof.

Woof woof woof woof. Woof woof woof woof woof woof woof woof woof woof. Woof woof woof woof woof, woof woof. Woof woof woof woof woof woof, woof woof. Woof woof woof, woof woof woof. Woof woof woof woof woof. Woof woof woof woof woof woof woof. Woof woof woof, woof woof woof. Woof woof woof woof woof woof woof, woof woof woof woof woof.

Woof woof woof woof woof woof. Woof woof woof woof woof woof woof. Woof woof woof woof woof. Woof woof woof woof, woof woof woof woof woof woof. Woof woof woof. Woof woof woof woof woof. Woof woof woof woof woof woof woof, woof woof woof woof woof woof woof woof.

Woof woof woof. Woof woof woof woof. Woof woof woof woof. Woof woof woof woof woof woof woof woof, woof woof woof woof. Woof woof, woof woof woof woof. Woof woof. Woof woof woof woof woof woof. Woof woof woof, woof. Woof

woof woof woof woof, woof woof woof woof woof woof.

Woof woof woof woof woof woof woof woof woof woof. Woof woof woof woof woof woof woof woof. Woof woof woof woof woof, woof woof woof woof woof. Woof woof woof woof woof woof woof, woof woof woof woof woof. Woof woof woof, woof woof. Woof woof woof woof woof, woof woof woof. Woof woof woof. Woof woof woof woof woof woof woof woof. Woof woof woof woof woof woof woof. Woof woof woof woof woof woof woof woof, woof woof woof. Woof woof woof woof, woof woof woof. Woof woof woof, woof woof. Woof woof woof, woof woof woof woof woof.

Woof woof woof woof woof woof woof woof woof woof woof. Woof woof woof. Woof woof woof woof woof woof woof. Woof woof woof woof woof. Woof woof woof woof woof woof woof, woof woof woof woof. Woof woof woof woof, woof woof woof woof. Woof woof woof woof woof, woof woof woof woof woof woof woof. Woof woof, woof woof woof woof woof. Woof woof woof woof woof woof. Woof woof woof woof, woof woof woof. Woof woof woof woof, woof woof woof woof woof woof.

Woof woof woof woof woof. Woof woof woof woof woof woof. Woof woof woof woof woof woof. Woof woof woof woof woof woof woof. Woof woof woof woof woof woof, woof woof. Woof woof woof woof woof. Woof woof woof woof woof woof woof. Woof woof woof woof, woof woof woof woof woof woof. Woof woof woof woof woof woof, woof woof woof.

Woof woof woof woof woof. Woof woof woof woof woof woof woof, woof woof woof woof. Woof woof woof woof woof woof woof, woof woof woof woof woof woof woof woof. Woof woof woof woof woof woof woof woof woof woof woof, woof woof woof woof woof woof. Woof woof woof woof woof. Woof woof woof. Woof woof woof woof woof. Woof woof, woof woof woof woof woof woof. Woof woof woof woof, woof woof

woof. Woof woof woof woof, woof woof. Woof woof woof woof woof, woof woof woof woof woof.

Woof woof woof woof woof. Woof woof woof woof woof woof woof woof woof woof woof woof. Woof woof woof, woof woof woof woof woof woof woof woof. Woof woof woof woof woof woof woof woof, woof woof woof woof woof woof woof woof. Woof woof woof woof woof, woof woof woof woof woof woof woof. Woof woof woof woof woof. Woof woof woof woof woof, woof woof woof woof.

Woof woof woof woof woof woof. Woof woof woof woof woof. Woof woof woof woof woof woof woof woof woof woof woof, woof. Woof woof woof woof woof woof, woof woof woof. Woof woof, woof woof woof woof woof woof woof woof woof. Woof woof. Woof woof woof woof woof, woof woof woof woof. Woof woof, woof woof.

Woof woof woof woof woof woof woof woof woof. Woof woof woof woof woof woof woof woof woof.

Woof woof woof woof, "Woof woof woof woof."

Woof, "Woof woof woof woof woof woof."

Woof woof woof woof woof woof woof. Woof woof woof woof woof woof woof woof woof woof woof woof.

Woof woof woof woof, "Woof woof woof woof woof woof."

Woof woof woof, "Woof woof."

Woof, "Woof woof woof woof woof woof woof."

Woof, "Woof woof woof woof woof woof."

Woof woof woof woof woof woof woof woof woof.

Woof woof woof, "Woof woof woof woof woof."

Woof woof, "Woof woof woof woof woof woof woof."

Woof, "Woof woof woof woof."

Woof woof woof woof. Woof woof woof. Woof woof woof woof woof.

Woof, "Woof woof woof."

Woof woof woof woof woof woof woof woof woof. Woof woof woof woof.

Woof woof, "Woof woof woof woof woof woof."

Woof woof, "Woof woof woof woof woof woof woof."

Woof woof woof woof, "Woof woof woof woof woof woof woof woof."

Woof, "Woof woof woof woof."

Woof woof woof woof. Woof woof woof woof woof woof woof.

Woof woof, "Woof woof woof woof woof woof woof woof woof woof woof."

Woof woof, "Woof woof woof."

Woof woof woof woof, "Woof woof woof woof woof woof woof woof woof woof."

Woof woof woof woof woof woof. Woof woof woof woof woof. Woof woof woof. Woof woof woof woof woof woof.

Woof, "Woof woof woof woof woof woof woof woof woof."

Woof woof woof, "Woof woof woof woof."

Woof woof, "Woof woof woof woof woof woof."

Woof woof woof woof woof.

Woof woof, "Woof woof woof woof woof."

Woof woof woof, "Woof woof woof woof."

Woof woof, "Woof woof."

Woof woof woof woof woof woof woof woof woof woof. Woof woof woof woof woof woof woof. Woof woof woof woof woof woof woof woof woof.

Woof woof woof, "Woof woof woof woof."

Woof woof, "Woof woof woof woof woof woof."

Woof woof woof woof woof woof. Woof woof woof woof woof woof woof. Woof woof woof woof woof woof woof

woof woof.

Woof woof woof, "Woof woof woof."

Woof woof, "Woof woof woof woof woof woof woof woof woof."

Woof woof, "Woof woof woof."

Woof, "Woof woof woof woof woof woof."

Woof woof woof. Woof woof woof woof. Woof woof woof.

Woof woof, "Woof woof woof woof woof woof woof woof."

Woof, "Woof woof."

Woof woof woof woof woof woof woof. Woof woof woof woof.

Woof woof woof, "Woof woof."

Woof woof, "Woof woof woof woof woof."

Woof woof woof, "Woof woof woof."

Woof woof, "Woof woof woof woof woof."

Woof woof, "Woof woof woof woof woof woof woof woof."

Woof woof woof woof woof woof woof. Woof woof woof woof woof woof. Woof woof woof woof woof.

Woof woof woof, "Woof woof woof."

Woof woof, "Woof woof woof woof woof woof woof woof woof."

Woof woof woof, "Woof woof woof."

Woof woof woof woof, "Woof woof woof woof woof woof woof woof woof."

Woof woof, "Woof woof woof woof woof."

Woof woof woof woof woof woof woof. Woof woof woof woof woof. Woof woof woof woof woof woof.

Woof, "Woof woof woof woof."

Woof woof woof woof woof woof woof woof woof.

Woof woof, "Woof woof woof woof woof woof woof."
Woof woof woof, "Woof woof woof."
Woof woof woof, "Woof woof woof woof woof."
Woof, "Woof woof woof woof woof woof woof woof

woof."

Woof woof, "Woof woof woof woof woof."
Woof, "Woof woof woof woof woof."
Woof woof woof woof.
Woof woof, "Woof woof woof."

Woof woof woof, "Woof woof woof woof."

Woof woof, "Woof woof."

WOOF

Woof woof woof. Woof woof woof woof woof. Woof woof woof woof woof, woof woof woof woof woof woof woof. Woof woof woof woof woof woof, woof woof woof. Woof woof woof woof woof woof, woof woof. Woof woof woof woof, woof woof. Woof woof woof woof woof. Woof woof, woof woof woof. Woof woof woof woof woof woof woof woof woof, woof woof woof.

Woof woof woof woof woof woof woof woof. Woof woof woof woof woof woof woof woof. Woof woof woof, woof woof woof. Woof woof woof woof woof, woof woof woof. Woof woof woof woof woof woof woof, woof woof. Woof woof woof woof woof, woof woof woof woof woof. Woof woof woof woof woof woof woof woof. Woof woof woof woof woof woof woof woof woof. Woof woof woof woof woof woof woof, woof woof woof woof woof.

Woof woof woof woof. Woof woof woof woof woof

woof woof woof woof woof woof. Woof woof woof woof woof.
Woof woof woof, woof woof woof. Woof woof woof woof. Woof
woof woof woof woof woof woof woof woof woof. Woof woof
woof woof woof woof woof, woof woof woof woof woof woof.
Woof woof woof woof woof woof, woof woof woof woof. Woof
woof woof woof, woof woof woof woof woof.

Woof woof woof woof woof woof woof. Woof woof
woof woof woof, woof woof woof woof. Woof woof woof woof
woof woof, woof woof woof. Woof woof woof woof woof. Woof
woof woof woof woof, woof woof woof. Woof woof woof woof
woof woof woof woof woof woof, woof woof woof woof woof.

Woof woof woof woof woof woof woof woof. Woof
woof woof woof woof woof. Woof woof woof. Woof woof. Woof
woof woof woof woof woof woof, woof woof woof woof. Woof woof
woof woof woof. Woof woof woof woof woof woof, woof woof
woof woof woof woof woof. Woof woof woof woof woof, woof
woof woof woof woof. Woof woof woof woof, woof woof woof
woof. Woof woof woof woof woof woof woof, woof woof woof
woof woof woof woof woof.

Woof woof woof woof woof woof woof. Woof woof
woof, woof. Woof woof woof, woof woof. Woof woof woof woof
woof. Woof woof woof woof woof woof woof. Woof woof woof
woof woof woof, woof. Woof woof woof woof woof, woof woof
woof woof woof woof.

Woof woof woof woof woof woof woof. Woof woof
woof woof. Woof woof woof woof woof. Woof woof woof woof,
woof woof woof woof woof woof woof. Woof woof woof woof,
woof woof woof woof woof woof woof. Woof woof woof woof
woof woof woof woof. Woof woof woof woof woof woof. Woof
woof woof woof woof woof woof, woof woof woof woof woof
woof woof woof. Woof woof woof, woof woof.

Woof woof. Woof woof woof woof, woof woof woof

woof woof woof woof woof. Woof woof woof woof woof woof, woof woof. Woof woof woof woof woof, woof woof woof woof. Woof woof woof. Woof woof woof woof woof woof woof, woof woof woof. Woof woof woof woof woof woof woof woof woof woof, woof woof.

Woof woof woof woof woof woof woof woof woof. Woof woof woof woof woof woof woof woof woof. Woof woof woof woof. Woof woof woof woof woof, woof. Woof woof woof woof woof woof, woof woof woof. Woof woof woof woof woof woof, woof woof woof woof woof. Woof woof woof woof woof, woof woof woof. Woof woof woof woof. Woof woof woof woof woof, woof woof woof woof.

Woof woof woof woof. Woof woof woof, woof woof. Woof woof woof woof, woof woof woof woof woof woof woof woof. Woof woof woof woof woof woof woof woof woof, woof woof woof woof. Woof woof woof. Woof woof woof woof. Woof woof woof. Woof woof, woof woof woof woof woof.

Woof woof woof. Woof woof woof woof woof. Woof woof woof woof woof. Woof woof woof woof woof woof, woof woof woof woof woof. Woof woof woof woof woof woof. Woof woof woof woof woof. Woof woof woof woof. Woof woof woof woof woof woof, woof woof woof woof woof woof woof.

Woof woof woof woof woof woof woof woof woof. Woof woof woof woof woof, woof woof woof woof woof. Woof woof woof woof woof woof woof. Woof woof woof woof woof woof woof. Woof woof. Woof woof woof woof, woof woof woof woof woof.

Woof woof woof woof woof. Woof woof woof woof. Woof woof woof woof woof woof woof woof. Woof woof woof woof, woof woof. Woof woof woof woof, woof woof woof woof woof. Woof woof woof woof woof. Woof woof woof woof woof woof woof woof woof woof. Woof woof woof woof woof woof.

Woof woof, woof woof woof woof woof woof. Woof woof woof woof, woof. Woof woof woof, woof woof woof woof. Woof woof woof woof woof woof woof, woof woof woof woof woof.

Woof woof woof woof woof woof woof woof woof woof woof. Woof woof woof woof. Woof woof woof woof, woof woof woof woof. Woof woof woof woof woof woof woof, woof woof woof woof woof woof. Woof woof. Woof woof woof woof. Woof woof woof woof. Woof woof woof, woof.

Woof woof woof woof woof woof woof woof woof. Woof woof woof woof woof, woof woof woof woof woof woof woof. Woof woof woof woof woof woof woof woof woof, woof woof woof woof. Woof woof. Woof woof woof woof. Woof woof woof woof woof, woof woof woof. Woof woof woof woof woof woof, woof woof woof woof woof woof woof.

Woof woof woof. Woof woof woof. Woof woof woof woof woof woof, woof woof woof woof woof woof woof. Woof woof woof woof woof, woof woof woof. Woof woof woof woof woof woof woof woof, woof woof woof woof. Woof woof woof woof woof. Woof woof woof woof woof, woof woof.

Woof woof woof woof woof woof woof. Woof woof. Woof woof woof, woof woof woof woof woof. Woof woof woof woof woof. Woof woof woof. Woof woof woof woof. Woof woof woof woof woof woof, woof woof woof woof.

Woof woof woof woof woof. Woof woof woof woof woof woof woof, woof woof woof woof. Woof woof woof, woof. Woof woof woof woof woof woof, woof woof woof woof woof. Woof woof woof woof woof woof. Woof woof woof woof woof. Woof woof woof woof woof woof. Woof woof woof woof woof, woof woof woof woof. Woof woof woof woof woof, woof woof woof woof woof.

Woof woof woof woof woof woof woof. Woof woof woof woof. Woof woof woof, woof woof woof. Woof woof woof

woof woof woof woof woof, woof woof woof woof. Woof woof woof woof woof woof woof, woof woof woof. Woof woof woof woof woof woof. Woof woof woof. Woof woof woof woof woof woof woof woof woof, woof woof woof woof.

Woof woof woof woof woof woof woof woof. Woof woof woof. Woof woof woof woof woof. Woof woof woof woof woof woof.

Woof woof, "Woof woof."

Woof woof woof, "Woof woof woof woof woof."

Woof woof woof, "Woof woof woof woof woof."

Woof woof woof woof woof woof woof woof woof. Woof woof woof woof.

Woof woof woof, "Woof woof woof woof."

Woof, "Woof woof woof woof woof woof."

Woof woof woof, "Woof woof woof woof woof."

Woof woof, "Woof woof woof woof woof."

Woof woof woof woof. Woof woof woof woof woof woof woof. Woof woof woof woof woof.

Woof, "Woof woof woof woof woof woof woof."

Woof woof woof, "Woof woof woof woof woof."

Woof woof woof woof, "Woof woof."

Woof woof woof, "Woof woof woof woof."

Woof woof woof woof woof woof woof woof woof.

Woof, "Woof woof woof woof."

Woof woof woof woof woof woof.

Woof, "Woof woof woof woof woof woof."

Woof woof, "Woof woof."

Woof, "Woof woof."

Woof woof woof, "Woof woof woof woof woof woof woof woof."

Woof woof woof. Woof woof woof.

Woof woof, "Woof woof woof woof."

Woof woof woof, "Woof woof woof woof woof woof woof."

Woof woof, "Woof woof woof woof woof woof woof."

Woof, "Woof woof woof woof woof woof."

Woof woof woof, "Woof woof woof woof woof woof."

Woof woof. Woof woof woof woof woof woof. Woof woof woof woof woof woof.

Woof, "Woof woof woof woof woof woof."

Woof, "Woof woof woof."

Woof, "Woof woof woof woof woof woof woof woof."

Woof woof. Woof woof woof woof.

Woof, "Woof woof woof woof woof woof woof woof."

Woof, "Woof woof woof woof."

Woof, "Woof woof woof woof woof woof."

Woof woof, "Woof woof."

Woof, "Woof woof woof woof woof woof woof."

Woof woof woof woof woof woof woof. Woof woof woof woof woof. Woof woof woof woof.

Woof woof, "Woof woof."

Woof woof woof woof woof woof woof. Woof woof woof.

Woof woof woof, "Woof woof woof woof woof."

Woof woof, "Woof woof."

Woof woof woof woof, "Woof woof woof woof woof woof."

Woof woof woof, "Woof woof woof woof woof woof woof."

Woof woof woof woof, "Woof woof."

Woof, "Woof woof woof woof woof woof."

Woof, "Woof woof woof."

Woof woof woof woof woof woof. Woof woof. Woof woof woof woof woof woof woof woof.

Woof woof woof, "Woof woof woof woof."

Woof woof woof, "Woof woof woof woof woof woof."

Woof woof, "Woof woof woof woof woof woof."

Woof, "Woof woof woof."

Woof woof, "Woof woof woof woof woof woof woof woof woof woof woof."

Woof woof, "Woof woof woof."

Woof woof woof woof woof. Woof woof woof woof woof woof.

Woof woof woof woof, "Woof woof woof."

Woof woof woof woof woof woof woof woof. Woof woof woof woof. Woof woof woof woof. Woof woof woof woof.

Woof, "Woof woof."

Woof woof woof, "Woof woof woof woof woof woof."

Woof, "Woof woof woof woof."

Woof woof woof woof, "Woof woof woof woof woof."

Woof, "Woof woof woof woof woof woof woof woof woof woof."

Woof woof woof, "Woof woof woof woof woof woof woof."

Woof woof woof woof woof woof woof woof. Woof woof woof.

Woof woof, "Woof woof."

Woof woof woof, "Woof woof woof woof woof."

Woof woof, "Woof woof woof woof woof."

Woof woof, "Woof woof woof woof woof woof."

Woof woof, "Woof woof woof woof woof woof."

Woof woof woof. Woof woof woof woof woof woof woof woof.

Woof woof, "Woof woof woof."

Woof woof, "Woof woof woof woof."

Woof woof woof, "Woof woof woof woof woof woof."

Woof woof, "Woof woof woof."

Woof woof, "Woof woof woof woof woof woof."

Woof woof woof woof woof woof. Woof woof woof woof. Woof woof. Woof woof woof woof woof woof woof woof woof, woof woof woof woof. Woof woof woof woof woof, woof woof woof. Woof woof woof woof woof woof woof woof woof woof. Woof woof. Woof woof woof woof woof. Woof woof woof woof woof woof woof, woof woof woof woof woof woof woof.

Woof woof woof woof woof. Woof woof woof woof woof woof woof woof. Woof woof woof woof woof woof. Woof woof woof woof, woof woof. Woof woof woof woof woof woof, woof woof woof woof woof woof woof woof woof woof woof. Woof woof woof. Woof woof woof woof, woof woof woof. Woof woof woof woof woof woof, woof woof woof.

Woof woof woof woof woof. Woof woof woof woof woof. Woof woof woof woof woof woof, woof woof woof woof. Woof woof, woof woof woof woof woof. Woof woof woof woof woof, woof woof woof. Woof woof woof woof. Woof woof woof woof woof woof. Woof woof woof woof, woof woof woof woof woof. Woof woof woof woof woof woof woof woof, woof woof woof woof woof woof. Woof woof woof woof woof, woof woof woof. Woof woof woof woof, woof woof woof woof woof woof woof woof.

Woof woof woof woof woof woof. Woof woof woof woof woof. Woof woof woof woof. Woof woof woof woof woof woof. Woof woof woof woof woof woof woof woof, woof woof woof woof. Woof woof woof woof woof, woof woof woof. Woof woof. Woof woof woof, woof woof woof. Woof woof woof woof woof, woof woof woof woof. Woof woof woof woof woof, woof woof woof woof woof.

Woof woof woof woof woof woof woof. Woof woof woof woof woof woof woof. Woof woof woof. Woof woof woof

woof woof woof woof, woof woof. Woof woof woof, woof woof woof woof woof woof. Woof woof woof woof woof, woof woof woof. Woof woof. Woof woof woof woof woof. Woof woof woof woof. Woof woof woof woof, woof woof. Woof woof woof woof woof, woof woof woof woof woof woof woof woof. Woof woof, woof woof.

Woof woof woof woof woof woof woof. Woof woof. Woof woof woof, woof woof woof woof woof woof woof woof woof. Woof woof woof woof woof woof woof woof woof woof woof. Woof woof woof woof woof. Woof woof woof woof woof woof. Woof woof woof woof woof woof woof. Woof woof woof woof woof woof woof, woof woof woof woof woof woof woof. Woof woof woof woof woof woof, woof woof woof woof.

Woof woof woof woof woof woof. Woof woof woof woof woof woof, woof woof woof woof woof. Woof woof woof woof woof woof, woof woof woof woof woof woof. Woof woof woof woof woof woof woof. Woof woof woof woof. Woof woof woof woof. Woof woof woof woof woof woof woof woof woof. Woof woof woof. Woof woof woof woof woof woof, woof woof woof woof woof. Woof woof woof woof woof woof, woof woof woof woof.

Woof woof woof woof. Woof woof woof woof woof woof woof. Woof woof woof woof, woof woof woof. Woof woof, woof woof woof. Woof woof woof woof woof. Woof woof woof woof woof. Woof woof woof, woof woof woof woof woof.

Woof woof woof woof woof woof woof. Woof woof woof. Woof woof woof woof. Woof woof woof, woof woof woof. Woof woof woof, woof woof woof woof woof woof woof. Woof woof woof woof, woof woof woof. Woof woof woof woof woof woof woof woof, woof woof. Woof woof woof woof woof. Woof woof woof woof woof woof. Woof woof woof woof woof woof. Woof woof woof woof woof woof, woof woof woof. Woof woof woof woof woof woof, woof woof woof woof woof. Woof woof

woof, woof woof woof woof.

Woof woof woof. Woof woof woof woof woof woof woof woof woof woof woof. Woof woof woof. Woof woof woof, woof woof woof woof woof woof woof woof. Woof woof woof woof woof, woof woof. Woof woof woof woof woof, woof woof woof. Woof woof woof, woof woof woof. Woof woof woof woof woof woof woof. Woof woof woof. Woof woof woof woof woof woof woof, woof woof woof. Woof woof woof woof, woof.

Woof woof woof woof woof woof woof woof woof woof woof woof. Woof woof woof woof woof woof woof woof woof. Woof woof woof, woof woof woof woof woof woof woof. Woof woof woof, woof woof woof woof woof woof woof. Woof woof. Woof woof woof woof woof woof woof. Woof woof woof woof. Woof woof woof woof woof, woof woof woof woof woof. Woof woof woof woof woof woof, woof woof woof woof woof woof woof. Woof woof woof woof, woof woof woof.

Woof woof woof woof. Woof woof woof woof woof woof woof woof woof woof. Woof woof woof woof woof, woof woof. Woof woof woof woof woof woof, woof woof. Woof woof woof, woof woof woof. Woof woof woof woof woof. Woof woof woof woof woof woof. Woof woof woof, woof woof woof. Woof woof woof woof woof woof woof, woof woof woof woof woof.

Woof woof woof woof woof woof. Woof woof woof woof woof woof woof. Woof woof woof woof woof. Woof woof woof woof, woof woof woof woof woof woof. Woof woof woof. Woof woof woof woof woof. Woof woof woof woof woof woof woof, woof woof woof woof woof woof woof.

Woof woof woof. Woof woof woof woof. Woof woof woof woof. Woof woof woof woof woof woof woof woof, woof woof woof woof. Woof woof, woof woof woof woof. Woof woof. Woof woof woof woof woof woof. Woof woof woof, woof. Woof

woof woof woof woof, woof woof woof woof woof woof.

Woof woof woof woof woof woof woof woof woof woof. Woof woof woof woof woof woof woof woof. Woof woof woof woof woof, woof woof woof woof woof. Woof woof woof woof woof woof woof, woof woof woof woof woof. Woof woof woof, woof woof. Woof woof woof woof woof, woof woof woof. Woof woof woof. Woof woof woof woof woof woof woof woof. Woof woof woof woof woof woof woof woof woof. Woof woof woof woof woof woof woof woof, woof woof woof. Woof woof woof woof, woof woof woof. Woof woof woof, woof woof. Woof woof woof, woof woof woof woof woof.

Woof woof woof woof woof woof woof woof woof woof woof. Woof woof woof. Woof woof woof woof woof woof woof. Woof woof woof woof woof. Woof woof woof woof woof woof woof, woof woof woof woof woof. Woof woof woof woof, woof woof woof woof woof. Woof woof woof woof woof, woof woof woof woof woof woof woof. Woof woof, woof woof woof woof woof. Woof woof woof woof woof woof. Woof woof woof woof, woof woof woof. Woof woof woof woof, woof woof woof woof woof woof.

Woof woof woof woof woof. Woof woof woof woof woof woof. Woof woof woof woof woof woof. Woof woof woof woof woof woof. Woof woof woof woof woof woof, woof woof. Woof woof woof woof woof. Woof woof woof woof woof woof woof. Woof woof woof woof, woof woof woof woof woof woof. Woof woof woof woof woof woof, woof woof woof.

Woof woof woof woof woof. Woof woof woof woof woof woof woof, woof woof woof woof. Woof woof woof woof woof woof woof, woof woof woof woof woof woof woof woof. Woof woof woof woof woof woof woof woof woof woof woof, woof woof woof woof woof woof. Woof woof woof woof woof. Woof woof woof. Woof woof woof woof woof. Woof woof, woof woof woof woof woof woof. Woof woof woof woof, woof woof

woof. Woof woof woof woof, woof woof. Woof woof woof woof woof, woof woof woof woof woof.

Woof woof woof woof woof. Woof woof woof woof woof woof woof woof woof woof woof. Woof woof woof, woof woof woof woof woof woof woof woof. Woof woof woof woof woof woof woof woof, woof woof woof woof woof woof woof woof. Woof woof woof woof woof, woof woof woof woof woof woof woof. Woof woof woof woof woof. Woof woof woof woof woof woof, woof woof woof woof.

Woof woof woof woof woof woof. Woof woof woof woof woof. Woof woof woof woof woof woof woof woof woof woof woof, woof. Woof woof woof woof woof woof, woof woof woof. Woof woof, woof woof woof woof woof woof woof woof. Woof woof. Woof woof woof woof woof, woof woof woof woof. Woof woof, woof woof.

Woof woof woof woof woof woof woof woof woof. Woof woof woof woof woof woof woof woof woof.

Woof woof woof woof, "Woof woof woof woof."

Woof, "Woof woof woof woof woof woof."

Woof woof woof woof woof woof woof. Woof woof woof woof woof woof woof woof woof woof woof.

Woof woof woof woof, "Woof woof woof woof woof woof."

Woof woof woof, "Woof woof."

Woof, "Woof woof woof woof woof woof woof."

Woof, "Woof woof woof woof woof woof."

Woof woof woof woof woof woof woof woof woof.

Woof woof woof, "Woof woof woof woof woof."

Woof woof, "Woof woof woof woof woof woof woof."

Woof, "Woof woof woof woof."

Woof woof woof woof. Woof woof woof. Woof woof woof woof woof.

Woof, "Woof woof woof."

Woof woof woof woof woof woof woof woof woof.
Woof woof woof woof.

Woof woof, "Woof woof woof woof woof woof."

Woof woof, "Woof woof woof woof woof woof woof."

Woof woof woof woof, "Woof woof woof woof woof
woof woof woof."

Woof, "Woof woof woof woof."

Woof woof woof woof. Woof woof woof woof woof
woof woof.

Woof woof, "Woof woof woof woof woof woof woof
woof woof woof woof."

Woof woof, "Woof woof woof woof."

Woof woof woof woof, "Woof woof woof woof woof
woof woof woof woof woof."

Woof woof woof woof woof woof. Woof woof woof
woof woof. Woof woof woof. Woof woof woof woof woof woof.

Woof, "Woof woof woof woof woof woof woof woof
woof."

Woof woof woof, "Woof woof woof woof."

Woof woof, "Woof woof woof woof woof woof."

Woof woof woof woof woof.

Woof woof, "Woof woof woof woof woof."

Woof woof woof, "Woof woof woof woof."

Woof woof, "Woof woof."

Woof woof woof woof woof woof woof woof woof woof.
Woof woof woof woof woof woof woof. Woof woof woof woof
woof woof woof woof woof.

Woof woof woof, "Woof woof woof woof."

Woof woof, "Woof woof woof woof woof woof."

Woof woof woof woof woof woof. Woof woof woof
woof woof woof woof. Woof woof woof woof woof woof woof

woof woof.

Woof woof woof, "Woof woof woof."

Woof woof, "Woof woof woof woof woof woof woof woof woof."

Woof woof, "Woof woof woof."

Woof, "Woof woof woof woof woof woof."

Woof woof woof. Woof woof woof woof. Woof woof woof.

Woof woof, "Woof woof woof woof woof woof woof woof."

Woof, "Woof woof."

Woof woof woof woof woof woof woof. Woof woof woof woof.

Woof woof woof, "Woof woof."

Woof woof, "Woof woof woof woof woof."

Woof woof woof, "Woof woof woof."

Woof woof, "Woof woof woof woof woof."

Woof woof, "Woof woof woof woof woof woof woof woof."

Woof woof woof woof woof woof woof. Woof woof woof woof woof woof. Woof woof woof woof woof.

Woof woof woof, "Woof woof woof."

Woof woof, "Woof woof woof woof woof woof woof woof woof."

Woof woof woof, "Woof woof woof."

Woof woof woof woof, "Woof woof woof woof woof woof woof woof woof."

Woof woof, "Woof woof woof woof woof."

Woof woof woof woof woof woof woof. Woof woof woof woof woof. Woof woof woof woof woof woof.

Woof, "Woof woof woof woof."

Woof woof woof woof woof woof woof woof woof.

Woof woof, "Woof woof woof woof woof woof woof."
Woof woof woof, "Woof woof woof."
Woof woof woof, "Woof woof woof woof woof."
Woof, "Woof woof woof woof woof woof woof woof woof."

Woof woof, "Woof woof woof woof woof."
Woof, "Woof woof woof woof woof."
Woof woof woof woof.
Woof woof, "Woof woof woof."

Woof woof woof, "Woof woof woof woof."

Woof woof, "Woof woof."

WOOF

Woof woof woof woof woof woof woof woof woof.
Woof woof woof woof woof. Woof woof woof woof woof woof
woof woof woof, woof woof woof woof. Woof woof woof, woof
woof woof. Woof woof woof woof woof woof woof. Woof woof
woof woof woof. Woof woof woof woof woof woof woof. Woof
woof woof woof woof woof woof, woof woof woof woof.

Woof woof woof woof woof woof woof woof. Woof
woof woof woof woof woof woof woof.

Woof woof, "Woof woof woof woof woof."
Woof woof, "Woof woof woof woof."
Woof woof, "Woof woof woof."
Woof woof woof, "Woof woof woof woof woof woof."
Woof woof, "Woof woof woof woof."
Woof woof woof woof, "Woof woof woof."
Woof woof, "Woof woof woof woof."
Woof, "Woof woof woof woof."

Woof woof woof woof woof. Woof woof. Woof woof woof woof woof woof woof woof woof.

Woof woof, "Woof woof woof."

Woof, "Woof woof woof woof woof woof."

Woof, "Woof woof woof woof woof."

Woof, "Woof woof woof woof woof woof."

Woof woof woof woof woof. Woof woof woof woof woof woof woof woof. Woof woof woof woof woof woof woof woof.

Woof woof, "Woof woof woof woof woof woof."

Woof woof woof woof woof woof. Woof woof woof. Woof woof woof woof.

Woof woof woof woof, "Woof woof woof woof woof woof woof woof."

Woof woof woof, "Woof woof woof woof woof."

Woof, "Woof woof woof woof woof woof woof woof woof."

Woof woof woof. Woof woof woof woof woof woof woof woof woof woof.

Woof woof, "Woof woof woof woof."

Woof woof woof, "Woof woof woof woof woof woof."

Woof woof, "Woof woof woof woof."

Woof woof woof, "Woof woof woof woof."

Woof woof woof woof woof. Woof woof woof woof woof. Woof woof woof woof woof woof woof woof woof.

Woof woof woof woof, "Woof woof woof woof woof."

Woof, "Woof woof woof woof woof woof."

Woof, "Woof woof woof woof woof woof woof."

Woof woof, "Woof woof woof woof woof woof."

Woof woof, "Woof woof woof woof woof woof woof."

Woof, "Woof woof woof woof woof woof woof woof."

Woof woof, "Woof woof woof woof woof woof."

Woof woof, "Woof woof woof woof."

Woof woof woof woof woof. Woof woof. Woof woof woof woof woof woof. Woof woof woof woof woof woof woof woof woof woof woof.

Woof, "Woof woof woof woof."

Woof, "Woof woof woof woof woof."

Woof woof, "Woof woof woof woof woof woof woof."

Woof woof woof woof.

Woof, "Woof woof woof woof woof."

Woof woof, "Woof woof."

Woof woof, "Woof woof woof woof woof woof woof woof."

Woof woof, "Woof woof woof woof woof woof."

Woof woof woof, "Woof woof woof woof."

Woof woof woof, "Woof woof woof woof woof woof woof."

Woof woof woof, "Woof woof woof."

Woof woof woof, "Woof woof."

Woof woof woof woof woof woof woof woof.

Woof woof, "Woof woof woof woof woof woof."

Woof woof, "Woof woof woof woof."

Woof woof, "Woof woof woof."

Woof woof woof, "Woof woof woof woof woof woof."

Woof woof, "Woof woof woof."

Woof woof, "Woof woof woof."

Woof, "Woof woof woof."

Woof woof woof woof woof woof. Woof woof woof woof woof woof woof woof. Woof woof.

Woof woof, "Woof woof woof woof woof."

Woof woof woof, "Woof woof woof."

Woof woof woof woof, "Woof woof woof woof woof."

Woof woof woof, "Woof woof woof woof."

Woof woof, "Woof woof woof woof woof."

Woof woof woof woof woof woof woof. Woof woof woof woof woof woof. Woof woof woof woof woof woof woof. Woof woof woof.

Woof, "Woof woof woof woof woof woof woof."

Woof woof, "Woof woof woof woof woof woof woof woof."

Woof woof, "Woof woof woof woof."

Woof, "Woof woof woof woof woof woof woof."

Woof woof woof woof woof woof woof.

Woof woof, "Woof woof woof."

Woof woof woof woof. Woof woof woof woof woof. Woof woof woof woof woof woof woof, woof woof woof woof woof woof. Woof woof woof woof woof woof woof, woof woof. Woof woof woof woof woof. Woof woof. Woof woof woof woof woof woof woof woof woof, woof woof woof woof woof. Woof woof woof woof woof woof, woof woof.

Woof woof woof woof woof woof woof woof. Woof woof woof woof woof woof woof, woof woof woof woof woof woof. Woof woof woof woof woof. Woof woof woof woof woof woof. Woof woof woof woof woof, woof woof woof woof. Woof woof woof woof woof woof woof woof woof, woof woof woof woof woof.

Woof woof woof woof. Woof woof woof woof woof woof. Woof woof woof woof woof, woof woof woof. Woof woof woof woof woof woof woof, woof woof woof woof woof. Woof woof woof woof woof, woof woof woof woof woof woof. Woof woof woof woof woof woof woof woof, woof woof woof woof. Woof woof woof woof woof woof woof woof woof. Woof woof woof woof woof. Woof woof woof woof woof woof woof woof. Woof woof woof woof woof woof, woof woof woof woof woof.

Woof woof woof woof. Woof woof woof woof woof

woof woof woof. Woof woof woof woof woof. Woof woof woof,
woof woof woof woof woof. Woof woof woof woof woof woof,
woof woof woof woof woof woof. Woof woof woof woof woof
woof. Woof woof woof woof woof woof woof. Woof woof woof
woof woof woof. Woof woof woof, woof woof woof woof. Woof
woof woof woof, woof woof.

Woof woof woof woof woof woof woof. Woof woof
woof woof woof. Woof woof woof woof woof woof. Woof woof
woof woof woof woof, woof woof woof. Woof woof woof woof
woof woof, woof woof woof. Woof woof, woof woof woof woof
woof woof woof. Woof woof woof woof woof woof. Woof woof
woof woof woof woof woof woof, woof woof woof woof woof
woof woof woof woof woof.

Woof woof woof woof woof. Woof woof woof woof
woof. Woof woof woof woof woof woof woof woof, woof woof.
Woof woof woof woof, woof woof woof. Woof woof woof, woof
woof woof woof woof. Woof woof woof woof woof woof woof
woof woof. Woof woof woof woof woof woof woof woof woof.
Woof woof woof woof woof woof woof woof woof. Woof woof,
woof woof woof woof woof woof.

Woof woof woof. Woof woof woof woof woof woof
woof. Woof woof woof. Woof woof woof woof, woof woof woof
woof. Woof woof woof woof woof woof woof woof woof woof
woof woof woof, woof woof woof. Woof woof woof woof woof
woof woof woof woof. Woof woof woof woof woof woof. Woof
woof woof. Woof woof. Woof woof woof, woof woof woof woof.
Woof woof woof, woof woof woof woof woof woof. Woof woof
woof woof woof woof, woof woof woof woof.

Woof woof woof woof woof woof woof woof. Woof
woof woof woof woof woof. Woof woof woof. Woof woof woof,
woof. Woof woof woof woof woof woof woof woof woof woof.
Woof woof woof, woof woof.

Woof woof woof woof woof woof. Woof woof woof woof woof woof. Woof woof woof woof woof, woof woof woof woof woof woof woof. Woof woof woof woof woof woof. Woof woof woof woof, woof woof woof. Woof woof woof woof woof, woof woof woof woof woof woof. Woof woof woof woof woof, woof woof woof woof. Woof woof woof, woof woof woof.

Woof woof woof woof woof woof. Woof woof woof woof woof. Woof woof woof woof, woof woof woof woof woof woof. Woof woof woof woof, woof woof. Woof woof woof woof. Woof woof woof woof woof woof woof. Woof woof woof woof woof woof woof, woof woof. Woof woof woof woof woof woof woof woof, woof woof woof. Woof woof, woof woof. Woof woof woof woof woof woof woof woof woof, woof woof woof woof woof woof.

Woof woof woof woof woof woof woof woof woof. Woof woof woof woof woof. Woof woof woof, woof woof woof. Woof woof woof woof woof woof woof, woof woof woof woof woof woof. Woof woof woof woof woof woof woof woof woof, woof woof woof woof woof woof woof. Woof woof woof woof woof woof. Woof woof woof woof woof woof woof. Woof woof woof woof woof, woof woof woof woof. Woof woof woof, woof woof woof woof woof woof woof woof.

Woof woof woof. Woof woof. Woof woof woof woof. Woof woof woof woof woof woof woof woof woof, woof woof woof. Woof woof woof woof, woof woof. Woof woof woof woof. Woof woof woof woof woof woof woof woof. Woof woof woof woof woof woof woof, woof woof woof woof woof woof woof. Woof woof woof woof, woof woof. Woof woof woof woof, woof woof woof woof.

Woof woof woof woof woof woof woof. Woof woof woof. Woof woof woof woof woof woof woof woof. Woof woof woof, woof woof woof woof woof woof. Woof woof woof woof,

woof woof woof. Woof woof woof woof woof, woof woof woof. Woof woof woof woof. Woof woof woof woof woof woof, woof woof.

Woof woof woof woof woof woof. Woof woof woof woof. Woof woof woof woof woof. Woof woof woof woof woof woof. Woof woof woof, woof woof woof woof woof woof woof woof. Woof woof woof woof, woof woof. Woof woof. Woof woof woof woof. Woof woof woof woof woof, woof woof.

Woof woof woof woof woof woof woof. Woof woof. Woof woof woof woof woof woof woof woof, woof woof woof woof woof woof woof. Woof woof woof woof woof woof woof, woof woof woof woof woof. Woof woof woof woof woof woof, woof woof woof woof. Woof woof woof woof. Woof woof. Woof woof woof woof woof woof woof woof woof woof, woof. Woof woof woof woof woof, woof woof. Woof woof woof, woof woof woof.

Woof woof woof woof. Woof woof woof woof. Woof woof woof, woof woof woof woof woof. Woof woof woof, woof.

Woof woof woof, "Woof woof."

Woof, "Woof woof woof woof."

Woof woof woof, "Woof woof woof woof woof."

Woof woof woof, "Woof woof woof woof woof woof woof."

Woof woof woof woof, "Woof woof woof."

Woof, "Woof woof woof woof woof woof woof woof."

Woof woof woof, "Woof woof woof woof."Woof woof, woof woof woof woof woof woof. Woof woof woof woof woof, woof woof woof woof woof woof. Woof woof woof woof woof woof woof, woof woof woof woof.

Woof woof woof woof woof woof woof woof woof. Woof woof woof woof woof woof. Woof woof woof woof woof, woof woof woof woof woof woof. Woof woof woof woof woof

woof woof woof woof woof, woof woof woof woof woof woof woof woof. Woof woof woof woof, woof woof woof. Woof woof woof woof woof woof, woof woof woof woof.

Woof, "Woof woof woof woof woof woof."

Woof woof, "Woof woof woof woof woof woof."

Woof woof woof, "Woof woof woof woof woof woof woof woof woof."

Woof, "Woof woof woof woof woof woof woof."Woof woof woof woof woof, woof woof woof woof woof. Woof woof woof woof woof, woof woof woof woof woof woof.

Woof woof. Woof woof woof woof woof woof woof woof. Woof woof woof woof woof. Woof woof woof woof woof, woof woof. Woof woof woof woof, woof woof woof. Woof woof woof woof woof woof, woof woof. Woof woof woof woof woof, woof woof woof woof woof woof woof.

Woof woof woof, "Woof woof woof woof woof woof."

Woof, "Woof woof woof woof woof woof woof."

Woof, "Woof woof woof."

Woof woof woof, "Woof woof woof woof."

Woof woof, "Woof woof woof woof woof woof."Woof woof woof woof woof woof woof woof, woof woof woof. Woof woof woof woof, woof woof woof.

Woof woof woof woof. Woof woof woof. Woof woof woof. Woof woof woof woof woof woof woof woof woof, woof woof. Woof woof, woof woof woof woof. Woof woof woof, woof woof woof. Woof woof woof woof woof woof woof woof, woof woof woof woof woof woof.

Woof, "Woof woof woof woof woof."

Woof woof, "Woof woof woof woof woof woof woof."Woof woof woof woof woof, woof woof woof woof woof.

Woof woof woof woof. Woof woof woof woof. Woof woof woof woof, woof woof woof woof woof woof.

Woof woof, "Woof woof woof woof woof woof woof woof woof."

Woof woof woof, "Woof woof woof."

Woof woof woof woof, "Woof woof."Woof woof woof woof woof woof, woof woof woof woof woof.

Woof woof woof woof woof woof woof. Woof woof woof woof woof woof woof woof woof. Woof woof woof woof woof woof woof woof woof woof. Woof woof woof woof woof woof woof, woof woof woof woof. Woof woof woof woof woof woof, woof woof.

Woof woof, "Woof woof woof."

Woof woof, "Woof woof woof woof woof."

Woof woof woof, "Woof woof woof."

Woof woof woof, "Woof woof woof."Woof woof woof woof woof, woof woof woof woof. Woof woof woof woof woof, woof woof.

Woof woof woof woof woof woof. Woof woof, woof woof woof woof woof woof. Woof woof woof woof woof, woof woof woof woof.

Woof woof woof, "Woof woof woof woof woof woof."Woof woof woof woof woof, woof. Woof woof, woof woof woof woof woof woof woof woof.

Woof woof woof woof woof woof woof. Woof woof woof woof woof. Woof woof woof, woof woof woof woof woof woof woof woof. Woof woof woof woof woof woof woof woof woof woof, woof woof woof woof. Woof woof woof, woof woof.

Woof, "Woof woof woof woof."

Woof woof woof, "Woof woof woof woof woof woof woof woof woof."

Woof woof woof, "Woof woof woof woof."

Woof woof, "Woof woof woof."

Woof, "Woof woof woof woof woof."Woof woof woof

woof woof, woof woof woof woof woof woof woof woof. Woof woof, woof woof. Woof woof, woof woof woof woof woof.

Woof woof woof. Woof woof woof woof woof. Woof woof woof woof woof. Woof woof woof woof woof, woof woof. Woof woof woof woof woof woof, woof woof woof woof woof woof woof woof. Woof woof woof woof, woof woof woof woof woof woof woof woof.

Woof woof, "Woof woof woof woof woof woof woof."

Woof woof woof woof, "Woof woof woof woof woof."

Woof woof, "Woof woof woof woof woof woof woof."Woof woof woof woof, woof woof. Woof woof woof woof woof, woof woof woof.

Woof woof woof. Woof woof woof woof woof. Woof woof. Woof woof woof woof woof woof woof, woof woof woof woof. Woof woof woof woof woof woof woof woof, woof.

Woof woof woof, "Woof woof woof."

Woof woof, "Woof woof woof woof woof woof."

Woof woof woof, "Woof woof woof woof woof woof."

Woof woof, "Woof woof woof woof woof woof woof woof."Woof woof woof woof woof woof woof woof woof, woof woof woof woof woof. Woof woof woof woof woof woof, woof woof woof. Woof woof woof woof woof, woof woof woof woof woof woof woof woof.

Woof woof woof woof woof woof. Woof woof woof, woof woof. Woof woof woof woof woof woof, woof woof woof woof woof. Woof woof woof woof, woof woof woof woof woof woof.

Woof woof, "Woof woof woof woof woof."

Woof woof, "Woof woof woof woof woof woof woof woof woof."

Woof woof woof, "Woof woof woof."

Woof woof, "Woof woof woof woof woof."

Woof woof woof woof, "Woof woof."

Woof woof, "Woof woof woof woof."

Woof woof, "Woof woof woof woof woof woof woof woof."

Woof woof, "Woof woof woof woof woof."

Woof, "Woof woof woof."Woof woof woof woof woof woof, woof woof. Woof woof woof woof woof woof woof, woof woof woof. Woof woof woof woof woof woof woof woof, woof woof woof.

Woof woof woof woof woof woof. Woof woof woof woof woof woof woof woof woof. Woof woof woof woof woof woof woof woof woof woof woof. Woof woof woof woof woof woof, woof woof woof woof. Woof woof woof woof woof, woof woof woof woof woof woof.

Woof woof, "Woof woof."

Woof woof woof, "Woof woof woof woof woof woof."

Woof, "Woof woof woof woof woof woof woof."Woof woof woof, woof woof woof woof woof. Woof woof woof woof woof woof, woof woof woof.

Woof woof woof. Woof woof woof woof woof woof woof woof woof woof woof. Woof woof woof woof, woof woof woof. Woof woof woof woof, woof woof woof.

Woof woof, "Woof woof woof."

Woof, "Woof woof woof woof woof woof."

Woof woof woof, "Woof woof woof."Woof woof woof woof woof woof woof woof, woof woof.

Woof woof woof woof woof. Woof woof woof woof woof. Woof woof woof. Woof woof woof woof woof woof woof woof, woof woof woof. Woof woof woof woof woof woof woof woof woof, woof woof woof woof woof woof woof woof woof woof.

Woof woof, "Woof woof woof woof woof woof woof."

Woof woof woof, "Woof woof woof."Woof woof woof, woof woof woof woof woof woof woof. Woof woof woof woof, woof woof woof woof woof woof. Woof woof woof, woof woof woof woof.

Woof woof woof woof woof woof woof woof woof woof. Woof woof woof woof.

Woof, "Woof woof woof woof."

Woof woof woof, "Woof woof woof."

Woof woof woof woof woof woof. Woof woof woof.

Woof, "Woof woof woof woof woof."

Woof woof, "Woof woof woof woof woof woof woof."

Woof woof woof woof. Woof woof.

Woof woof woof woof, "Woof woof woof woof woof woof woof woof."

Woof, "Woof woof woof woof woof woof woof woof woof woof woof."

Woof woof woof woof, "Woof woof."

Woof woof woof woof. Woof woof woof woof woof woof woof woof. Woof woof woof woof woof woof woof woof woof woof woof.

Woof woof woof, "Woof woof woof woof woof woof woof woof."

Woof woof woof woof woof woof woof woof. Woof woof woof woof.

Woof woof, "Woof woof woof."

Woof woof woof, "Woof woof woof woof."

Woof woof woof woof woof woof woof. Woof woof woof woof. Woof woof woof woof.

Woof, "Woof woof."

Woof woof, "Woof woof."

Woof woof woof, "Woof woof woof woof woof woof woof."

Woof, "Woof woof woof woof woof woof woof."

Woof woof, "Woof woof woof woof."

Woof woof woof, "Woof woof."

Woof woof, "Woof woof woof woof."

Woof woof woof woof woof. Woof woof woof woof woof.

Woof woof, "Woof woof woof woof woof."

Woof woof woof woof, "Woof woof woof woof woof woof woof woof woof."

Woof woof woof, "Woof woof woof."

Woof woof woof woof woof woof. Woof woof woof woof woof.

Woof, "Woof woof."

Woof woof, "Woof woof woof woof woof."

Woof, "Woof woof woof woof woof."

Woof woof woof woof woof woof.

Woof, "Woof woof woof."

Woof woof woof, "Woof woof woof woof woof woof."

Woof woof woof woof, "Woof woof woof woof woof."

Woof woof woof woof, "Woof woof."

Woof woof woof, "Woof woof woof woof woof woof woof woof woof."

Woof, "Woof woof woof woof woof woof."

Woof woof woof woof woof woof. Woof woof woof. Woof woof woof woof woof.

Woof woof, "Woof woof woof woof."

Woof woof woof woof woof woof. Woof woof.

Woof woof, "Woof woof woof woof woof woof."

Woof woof, "Woof woof woof woof woof."

Woof woof woof woof woof woof woof woof woof. Woof woof woof.

Woof woof woof, "Woof woof woof woof woof woof

woof woof."

Woof woof, "Woof woof woof woof."

Woof woof, "Woof woof woof."

Woof, "Woof woof woof."

Woof, "Woof woof woof woof woof."

Woof woof woof woof woof woof woof woof. Woof woof woof woof woof.

Woof woof woof, "Woof woof woof woof woof."

Woof woof woof, "Woof woof woof woof woof woof."

Woof woof woof, "Woof woof woof woof woof woof."

Woof, "Woof woof woof woof woof."

Woof woof woof, "Woof woof woof woof woof."

Woof woof woof. Woof woof woof woof woof woof.

Woof woof, "Woof woof woof."

Woof woof, "Woof woof woof woof woof."

Woof woof woof woof woof woof woof woof woof.

Woof, "Woof woof woof woof woof woof."

Woof, "Woof woof woof woof woof woof."

Woof woof, "Woof woof woof."

Woof woof woof woof woof woof woof. Woof woof woof woof woof. Woof woof woof woof woof woof woof woof woof. Woof woof woof woof.

Woof woof woof, "Woof woof woof woof."

Woof, "Woof woof."

Woof woof, "Woof woof woof woof."

Woof woof woof woof, "Woof woof woof woof woof woof."

Woof woof, "Woof woof woof."

Woof woof woof. Woof woof woof woof. Woof woof woof, woof woof woof woof woof. Woof woof woof woof woof woof, woof woof woof.

Woof, "Woof woof woof woof woof woof woof woof

woof."

Woof woof woof woof, "Woof woof woof."

Woof, "Woof woof."

Woof woof, "Woof woof."

Woof woof, "Woof woof woof woof woof woof woof."

Woof woof, "Woof woof woof woof."

Woof woof, "Woof woof woof woof."

Woof, "Woof woof woof woof woof woof woof woof."Woof woof woof woof, woof woof woof. Woof woof woof woof woof woof woof, woof woof woof woof woof.

Woof woof. Woof woof woof woof woof woof woof. Woof woof woof woof woof, woof woof woof woof woof woof. Woof woof woof woof, woof woof woof woof.

Woof woof woof, "Woof woof woof woof woof."

Woof woof, "Woof woof."

Woof woof woof woof, "Woof woof woof woof woof."Woof woof woof woof woof woof woof woof woof, woof woof woof. Woof woof woof, woof woof woof.

Woof woof woof woof woof. Woof woof woof. Woof woof woof woof woof woof woof woof. Woof woof woof woof woof woof woof woof woof. Woof woof woof woof, woof woof woof woof woof woof woof.

Woof woof woof, "Woof woof."Woof woof woof woof, woof. Woof woof woof woof woof, woof woof woof woof woof woof. Woof woof woof woof woof woof woof, woof woof woof.

Woof woof woof woof woof. Woof woof. Woof woof woof woof woof woof woof woof woof woof. Woof woof woof woof. Woof woof woof woof woof woof woof woof woof woof, woof woof woof woof. Woof woof woof woof, woof woof woof woof. Woof woof woof woof woof woof woof woof, woof woof woof woof woof woof.

Woof woof, "Woof woof woof woof woof."

Woof woof woof woof, "Woof woof woof."Woof woof woof woof woof woof woof woof woof woof woof woof, woof woof woof woof woof woof. Woof woof woof woof woof woof woof woof, woof woof woof woof woof woof woof.

Woof woof woof woof woof woof. Woof woof woof woof woof woof woof woof woof woof. Woof woof woof woof woof, woof woof woof woof woof woof woof woof.

Woof woof, "Woof woof."

Woof woof woof woof, "Woof woof woof woof woof."

Woof woof woof, "Woof woof woof woof."

Woof, "Woof woof woof."

Woof woof, "Woof woof woof woof woof."

Woof woof, "Woof woof woof woof woof woof."Woof woof woof woof woof woof woof woof, woof woof. Woof woof woof woof woof, woof woof woof. Woof woof woof woof woof woof woof, woof. Woof woof woof woof woof woof, woof woof woof woof woof.

Woof woof woof woof woof woof woof woof. Woof woof woof woof woof. Woof woof woof woof woof woof. Woof woof. Woof woof woof woof woof woof woof, woof woof woof woof. Woof woof woof woof woof woof, woof woof woof woof woof woof. Woof woof woof woof, woof woof woof woof woof.

Woof woof woof, "Woof woof woof woof woof woof."

Woof woof, "Woof woof woof woof woof woof woof woof woof woof."

Woof woof woof, "Woof woof woof woof."

Woof woof woof woof, "Woof woof woof woof woof."Woof woof, woof woof woof woof woof. Woof woof woof, woof. Woof woof, woof woof woof woof woof. Woof woof woof, woof woof.

Woof woof woof woof woof woof. Woof woof woof woof woof woof woof woof woof woof. Woof woof woof. Woof

woof woof woof woof woof woof woof, woof woof.

Woof woof, "Woof woof woof woof woof."

Woof woof, "Woof woof woof woof woof."

Woof woof woof, "Woof woof."

Woof woof, "Woof woof woof woof woof woof."Woof woof woof woof woof woof woof woof woof, woof woof woof woof.

Woof woof woof woof woof. Woof woof woof woof woof woof woof. Woof woof woof. Woof woof woof woof woof woof woof, woof woof woof. Woof woof woof woof woof woof woof, woof woof.

Woof woof woof, "Woof woof woof woof woof woof woof."

Woof woof woof woof, "Woof woof woof woof."

Woof woof woof, "Woof woof woof woof woof."Woof woof woof woof, woof woof woof woof woof.

Woof woof woof woof woof woof woof. Woof woof woof woof woof woof. Woof woof woof woof woof woof woof woof, woof woof woof woof. Woof woof woof, woof woof woof woof woof.

Woof, "Woof woof woof woof woof."

Woof woof, "Woof woof woof woof."

Woof woof, "Woof woof woof woof woof woof."

Woof woof, "Woof woof woof woof woof."

Woof, "Woof woof woof woof woof."Woof woof woof woof woof, woof woof woof.

Woof woof woof. Woof woof woof woof woof woof. Woof woof woof woof woof woof woof woof woof, woof woof. Woof woof woof woof, woof woof woof woof woof.

Woof, "Woof woof woof."

Woof woof, "Woof woof woof woof woof woof woof woof woof."

Woof woof woof, "Woof woof woof woof woof."Woof woof woof woof woof woof woof woof, woof woof.

Woof woof woof woof woof. Woof woof woof woof woof woof woof woof woof. Woof woof woof woof. Woof woof woof woof woof woof, woof woof woof woof woof woof woof woof woof woof. Woof woof woof woof, woof woof woof woof woof. Woof woof woof woof woof woof, woof woof woof woof woof woof.

Woof, "Woof woof woof woof woof woof woof."

Woof woof woof woof, "Woof woof woof woof woof woof."

Woof woof, "Woof woof."Woof woof woof woof, woof woof.

Woof woof woof woof woof woof woof woof woof woof. Woof woof woof woof woof. Woof woof woof. Woof woof woof woof woof woof. Woof woof woof woof woof, woof woof. Woof woof, woof woof woof woof.

Woof woof woof, "Woof woof woof woof woof."

Woof woof woof, "Woof woof woof."Woof woof woof woof woof, woof woof woof woof. Woof woof woof, woof. Woof woof woof woof woof woof, woof woof woof.

Woof woof woof woof. Woof woof woof woof woof woof woof woof. Woof woof woof woof woof woof. Woof woof woof woof woof woof, woof woof woof. Woof woof woof, woof.

Woof woof woof, "Woof woof."

Woof woof, "Woof woof woof woof woof woof."

Woof woof, "Woof woof woof woof woof."Woof woof woof woof woof woof woof, woof woof woof. Woof woof woof woof woof woof woof, woof woof woof woof woof woof woof. Woof woof woof woof woof woof woof woof, woof woof.

Woof woof woof. Woof woof woof woof woof woof. Woof woof woof woof woof. Woof woof woof woof woof woof,

woof woof woof woof. Woof woof woof, woof woof woof woof woof woof woof. Woof woof woof woof woof woof woof, woof woof woof woof woof woof.

Woof, "Woof woof woof woof woof."

Woof woof, "Woof woof woof."

Woof woof woof, "Woof woof woof woof woof woof woof."

Woof woof, "Woof woof woof woof woof woof."

Woof woof woof woof, "Woof woof woof woof woof woof woof."Woof woof woof woof woof woof woof, woof woof woof woof woof.

Woof woof woof woof. Woof woof woof woof woof woof woof woof. Woof woof woof woof woof woof woof woof, woof woof woof woof. Woof woof, woof woof woof.

Woof woof, "Woof woof woof woof woof."

Woof woof woof, "Woof woof woof woof woof."

Woof woof, "Woof woof woof woof woof woof woof woof woof."

Woof woof, "Woof woof woof."Woof woof woof woof, woof woof woof woof woof woof. Woof woof woof woof woof woof, woof woof woof woof woof woof woof. Woof woof woof woof woof woof, woof woof. Woof woof woof woof woof, woof woof woof.

Woof woof woof woof woof. Woof woof woof woof. Woof woof woof woof woof woof woof woof, woof woof. Woof woof woof woof woof woof woof woof, woof woof woof woof woof woof.

Woof woof, "Woof woof woof woof woof woof."

Woof woof woof woof, "Woof woof woof woof."

Woof woof woof, "Woof woof woof woof woof woof woof."

Woof woof woof, "Woof woof woof woof woof woof."

Woof woof woof, "Woof woof woof woof."

Woof woof woof, "Woof woof woof woof woof woof woof."Woof woof woof woof woof, woof woof.

Woof woof woof woof woof woof. Woof woof woof, woof woof woof woof.

Woof, "Woof woof woof woof woof woof."

Woof woof woof, "Woof woof woof woof woof woof woof woof woof."

Woof woof, "Woof woof woof woof woof."

Woof woof, "Woof woof woof woof woof woof woof."Woof woof woof, woof woof woof woof. Woof woof, woof woof woof woof woof. Woof woof, woof woof woof woof.

WOOF

Woof woof woof woof woof. Woof woof woof woof woof woof woof. Woof woof woof woof, woof woof woof. Woof woof woof woof woof. Woof woof woof woof woof. Woof woof woof woof woof woof woof woof, woof woof woof woof. Woof woof woof woof woof woof woof, woof woof.

Woof woof woof woof woof. Woof woof woof woof woof woof woof woof woof. Woof woof woof, woof woof woof woof woof woof woof. Woof woof woof woof woof woof woof. Woof woof woof woof. Woof woof woof woof woof woof woof woof, woof woof woof woof woof. Woof woof woof woof, woof woof woof woof woof woof woof woof.

Woof woof woof woof woof woof woof. Woof woof woof woof woof woof. Woof woof woof woof woof woof. Woof woof woof woof woof woof, woof woof woof woof woof woof. Woof woof woof woof woof woof woof woof, woof. Woof woof woof woof woof woof woof. Woof woof woof woof woof woof

woof woof woof woof woof woof woof. Woof woof woof woof woof woof woof, woof woof woof woof woof woof woof woof. Woof woof woof woof woof woof, woof woof woof woof. Woof woof woof woof woof woof, woof woof.

Woof woof woof woof woof woof. Woof woof woof woof woof woof. Woof woof woof woof woof woof woof woof woof woof woof, woof woof woof woof. Woof woof woof woof woof woof woof, woof woof. Woof woof woof, woof woof woof woof woof. Woof woof woof woof woof woof woof woof, woof woof woof. Woof woof. Woof woof woof. Woof woof woof. Woof woof woof. Woof woof, woof woof woof woof woof woof woof. Woof woof woof woof woof woof woof woof woof woof, woof woof woof.

Woof woof woof woof woof woof. Woof woof woof woof woof woof woof woof. Woof woof woof. Woof woof woof woof woof woof woof woof, woof woof woof woof woof woof woof. Woof woof woof woof woof woof, woof woof woof. Woof woof woof woof woof woof, woof woof woof woof woof woof. Woof woof woof woof woof woof woof woof woof woof woof woof woof. Woof woof woof. Woof woof woof woof woof woof woof, woof woof woof woof woof. Woof woof woof woof woof woof, woof woof woof woof woof woof.

Woof woof woof woof woof woof woof. Woof woof woof woof woof woof. Woof woof. Woof woof woof woof woof, woof woof woof woof woof woof. Woof woof woof woof, woof woof woof woof woof woof woof woof woof. Woof woof woof. Woof woof woof woof woof woof woof woof woof. Woof woof woof woof woof woof woof woof, woof woof woof. Woof woof woof woof woof woof woof woof, woof woof woof woof woof woof. woof.

Woof woof woof. Woof woof woof, woof woof woof woof woof. Woof woof woof woof, woof woof. Woof woof woof

woof woof. Woof woof woof woof woof woof woof. Woof woof
woof woof. Woof woof woof woof woof woof woof woof, woof
woof.

Woof woof woof woof woof woof woof. Woof woof
woof woof woof woof, woof woof. Woof woof woof, woof woof
woof. Woof woof woof woof woof. Woof woof woof woof woof
woof, woof woof woof woof woof. Woof woof woof woof woof,
woof woof woof woof woof. Woof woof woof, woof woof woof.

Woof woof woof woof woof woof. Woof woof woof
woof woof woof. Woof woof woof woof. Woof woof woof woof
woof woof, woof woof woof woof woof woof. Woof woof woof
woof woof, woof woof woof woof. Woof woof woof woof woof
woof woof woof woof woof. Woof woof woof, woof woof.

Woof woof woof woof. Woof woof woof woof woof.
Woof woof woof woof, woof woof woof woof woof woof woof
woof woof. Woof woof woof woof, woof woof woof. Woof woof
woof woof. Woof woof woof woof woof woof woof woof woof
woof. Woof woof woof woof woof, woof woof woof.

Woof woof woof woof woof woof woof woof. Woof
woof woof woof, woof woof. Woof woof, woof. Woof woof woof
woof woof woof woof woof, woof woof woof woof woof. Woof
woof woof. Woof woof woof woof woof woof woof woof woof
woof, woof woof. Woof woof woof, woof woof woof woof.

Woof woof woof. Woof woof woof woof woof woof
woof woof, woof woof woof woof. Woof woof woof woof woof
woof, woof woof woof woof woof woof. Woof woof woof woof
woof woof woof woof. Woof woof woof woof woof woof woof.
Woof woof woof woof woof woof woof woof. Woof woof woof.
Woof woof woof woof woof woof woof woof, woof. Woof woof
woof woof, woof woof woof woof. Woof woof woof woof, woof
woof woof woof. Woof woof woof woof woof woof, woof woof
woof woof woof.

Woof woof woof woof woof woof woof woof woof.
Woof woof woof. Woof woof woof woof woof, woof woof woof
woof woof woof woof. Woof woof woof woof woof woof woof
woof woof woof. Woof woof woof woof, woof. Woof woof woof
woof woof woof woof woof, woof woof woof woof woof. Woof
woof woof woof woof, woof woof. Woof woof woof woof, woof woof
woof woof woof woof.

Woof woof woof woof woof woof woof. Woof woof
woof woof, woof woof woof woof woof woof woof. Woof woof
woof woof woof woof woof, woof woof woof woof woof. Woof woof
woof woof woof woof woof woof. Woof woof, woof. Woof woof
woof, woof woof woof woof woof woof woof woof.

Woof woof. Woof woof woof woof woof woof woof.

Woof, "WWWOOOOOOFFF WWOOOOOOOOFFFF
WOOOOOFFFFF. "

Woof woof woof, "WOOOOOOOOFFFFF WWOOOFFF
WWWWOOOOOFFF WWWOOOOOOF WWWWOOFFFF
WWWOOOOOFF. "

Woof woof, "WWWWWOOOOOFFFF
WWWWWOOOOOOOOOOFFF WWWWOOOOOOFF
WWOOOOOOFFF. "

Woof, "WWOOOOOOOOFFFFFFFFF
WOOOOOOOOOOOOFFFFF WOOOOOFFFFFF. "

Woof woof woof woof woof woof woof. Woof woof
woof woof woof woof woof woof woof. Woof woof woof woof
woof.

Woof woof, "WWWWOOOOOOOFFF
WWWOOOOOOFFFF WWOOOOOFF. "

Woof woof woof, "WWOOOOOOOOOOFFFF
WWWWWOOOOOOOFF WWWOOOOOOOOOOOOOOOFFFFF
WWOOOOFFFF WWWWOOOOOOOOF. "

Woof, "WWWOOOOOOOFF WWWWOOOOOOOOOFFFF

WWOOOOOOOFF WWOOOOFFFF. "

Woof woof woof woof woof woof. Woof woof woof woof woof. Woof woof woof woof woof woof woof woof woof.

Woof woof, "WWOOOOOOOOFF WWWWOOOOOOOOF WWWWOOOOOFFF WWWOOOOFF. "

Woof woof, "WWWOOOOOOOFFF WWOOOOOOOOOFFFFF WWWWOOOOOOFF WWWWOOOOOOOOFF WOOOOOOOOFF. "

Woof woof woof, "WWWWWWOOOOOOOOOOOOOOFFFF WOOOOOOFFF WWWOOOFFFFFFF WWWWOOOOOFFF WWWWWOOOOOOOOOFFFF WWWWOOOOOOOFF WWWOOOOOOOFF. "

Woof woof woof woof woof woof woof woof. Woof woof woof woof. Woof woof woof woof woof woof.

Woof woof, "WWWOOOOFFFF WWWOOOOOOOOOOFFFFF WWOOOOOOOFFFF WWWWWWOOOOOOFFF WOOOOOOOOF WWWWWOOOOOOOOOF. "

Woof woof, "WOOOOOOOOOFFFF WWWOOOOOOOOFF. "

Woof woof woof.

Woof woof, "WWOOOOF WWWOOOOOOFFF WWWWWOOOOOFFF WWWWOOOOOOFFFF. "

Woof woof woof woof woof woof woof.

Woof woof, "WWWWOOOOOOFFFF WOOOOOOFFFF WWWWOOOOOOFFFFF WWWWOOOOOOFFFF WWOOOOOFFFFF. "

Woof, "WWWOOOOOOOOOOOOFFFFF WWWWOOOOF WWWWWOOOOOOOFF. "

Woof woof, "WWWOOOFFFF WOOOOOOOOOF WWOOOOOOOFFFF WOOOOOOOOOF WWOOOOOFFFF

WWOOOOOF WWWOOOOOOOOFFF WWWOOOOOOOOOF. "

Woof woof woof, "WOOOOOFFF WWWWOOFFF
WWOOOOOOOOF WOOOOOOOOOOFF. "

Woof woof, "WWWOOOOOOOOOOOFFFFF
WWWWOOOOOOOOFFFFFFF WWOOOOOOOFFFFF WWOOOOF.
"

Woof woof woof woof, "WOOOOOOOFFF
WOOOOOOOOOFFF WWWOOOOOOFFF
WWWWWWOOOOOOOFF WOOOOOOOOOOFF. "

Woof woof woof woof, "WWWOOOOOOOOOF
WWOOOOOOOOOOFFFFFF WWOOOOOOOOFFFFF
WWWOOOOOFFFFF WOOOOOOOOOOOFFF. "

Woof woof woof woof woof woof. Woof woof woof
woof woof woof.

Woof woof, "WWWWOOOOOOFFF WWWOOOOFFFF
WWOOOOOOOOOOFF WWWWWOOOOOOOFFFFFF
WWOOOOOOFFFFFF WOOOOOFFFFF WWWOOOOOFFFFF. "

Woof woof, "WWOOOOOOOF WWOOOOOOOOOFF
WOOOOOFFF WWWWOOOOOOOOOOFFFFFF
WOOOOOOOOOOFFFFF. "

Woof woof woof, "WWWWOOOFFF
WWWWOOOOOOOFF. "

Woof woof woof woof woof woof woof woof woof woof
woof. Woof woof woof woof woof woof woof. Woof woof woof
woof woof.

Woof woof woof, "WWWWOOOOOOOF
WWWOOOOOOFFF WWOOOOOFF. "

Woof woof woof, "WWOOOOOOOOFFFF
WWWOOOOOOOOOOFFF WWWOOOOOFFFF WWWWWWOOOFF
WOOOOOOFFFF WWWWOOOOOOOOFFFF. "

Woof woof, "WWWWOOOOOOOOFFFF
WWOOOOOOOOOFF WWWOOOOOOOOOOFFF. "

Woof woof woof, "WWWOOOOOOOFF WWOOOOOOFFFFF WWWWOOOFFFFF WWOOOOOOOFFFF. "

Woof woof woof, "WWOOOOOOOFFFFFFF WWWOOOOOOOOOOOOFF WWWOOOOFF WWWOOOOFFF WWWOOOOOFFFF WWWOOOOOOF WWWWOOOOOOOOOFFFF WWWWWOOOOOOOOOOFFF. "

Woof, "WWWOOOOOOOFF WWWOOOOOOOOOOFFFF WOOOOOOOOFFFFFFFF WWWOOOOOOFF WWOOOOOFF WOOOOOOOOOOFFF. "

Woof woof, "WWOOOOOOOOFFFF WWOOOOOOOOOOOOFFFFF WWWOOOOOOOOOOOOFF WWWWOOFFFFF WWOOOOOOOF. "

Woof woof. Woof woof woof woof woof woof. Woof woof woof woof.

Woof woof, "WWOOOOOFFFF WWWOOOOOOOFFFFF WOOOOOOFFFFFF WWWOOOOOOOOOFFF WWWWOOOOOOOOF WOOOOOOOOOOFF WWWWWOOOOOFF WWOOOOOOOOFFFFF WWOOOOOOOOFFFFF. "

Woof woof woof woof woof woof woof woof. Woof woof woof woof woof woof woof woof. Woof woof woof woof woof woof woof. Woof woof woof woof woof woof.

Woof woof woof woof, "WWWOOOOOOOOFF WOOOOOOOOOOFFF WWWWOOOOOOF WWWWWOOOFF WWWOOOOOFFFFF WWWOOOOOOOOOOOOFFFFF WWWWOOOOOOOOOFFF. "

Woof, "WWWWOOOOOOOOOOFFF WWOOOOOOOOOFFFF WWWWWOOOOOOOOFF WWWWOOOOOFFFFFF. "

Woof woof, "WWWWOOOOOOOFFFFF WWWWOOOOOOOFFFF WOOOOOFFFF WWOOOOOOOOOOF. "

Woof woof, "WWOOOOFFFFFFFF WWWWOOOOOOOOFFFF WWWWOOOOOOOFF WWOOOOOOOOOOOFFFF WWWWOOOOOOOOFFFFF

WWOOOOOOFFF WWWWOOOOOOOOOOOFFF WWWWWOOOOOOF. "

Woof woof woof, "WOOOOOFFFF WWWOOOOF WWWOOOOOOOOOOOFFFFF WWWOOOOOFF WWWOOOOOOOOOOOFFFFFF WWWWWOOOOFFF WWWOOOOOOOFFFFFF WWWOOOOFFFFFF. "

Woof woof woof woof woof woof woof.

Woof, "WOOOOOFFFFFF WWWWOOOOOOOFFFF WWWOOOOOOFFFFFF WWOOOOOOOOOFFFF. "

Woof, "WWWOOOOOOFFFFF WWWWWOOOOOOOOOOOOFFFF WOOOOOOOFFFF WWOOOOOOFFF WWWOOOOOOFFFFF WWWOOOFFFFF. "

Woof woof, "WWWOOOOOOOFFF WWWWWOOOOOOOOOOFFFF WWWWWOOOOOFFFF. "

Woof, "WWWOOOOOFFF WWWOOOOOOFFFF WOOOOOOOOOFFF WOOOOOOFFFF WOOOOOOOOOFFF. "

Woof woof, "WWOOOOOOOOFFF WOOOF. "

Woof woof woof woof woof. Woof woof woof.

Woof woof woof, "WOOOOOFFF WWWWOOOOOOOOFFFF WWWOOOOOOOOOFFF WWWOOOOOOOFFFF WWWWWOOOOOOFF WWWOOOOOOOOOFFF. "

Woof woof woof, "WWWWOOOOOOOOOFFF WWWOOOOOOFFF WWWWWOOOOOOFFFF WWWWWOOOOOOOFFF WWWOOOOOOOOOFFFF WOOOOOOOOFFFFFF. "

Woof, "WWOOOOOOOOOF WWWWOOOOOOOOOFFFFFF WWWOOOOOOOFFF WWWOOOFF WWWWWOOOOOOOFFF WWWWOOOOOOOOFFFFF WOOOOOOOOFFFFF. "

Woof woof, "WWOOOOOOOOFF WWOOOOOOOOOOOOFFF WWOOOOOOFFF

WWWOOOOOOOFFFF WWWOOOOOOOOOOOFFFF WWWOOOOOOOOOOF. "

    Woof, "WWWOOOOOOFFFF WWWOOOOOOOOOOOOOOFFF WWWWOOOOOOOOFFF WWOOOOOFFFF WWWWOOOOOOFFFF. "

    Woof woof, "WOOOOOOOOOOOOOFF WWWOOOOOOOFFFFFF WWWWWOOOOOOOFF WWOOOOOOOFFFF WWWOOOOFFFF. "

    Woof woof woof, "WWWWOOOOFFFF WWWWWOOOFFF WWWOOOOOOOOOFFFFF WWOOOFFFF WWOOOOOOOOOOFFFFF WWOOOOOOOOOOF. "

    Woof woof woof woof. Woof woof woof woof woof woof woof woof woof woof woof. Woof woof woof woof woof woof. Woof woof woof woof.

    Woof woof, "WWOOOOOOOOFF WOOOOOOOOOOFFF WWWOOOOOOOFFF WWWWWOOOOOOOOOOOOOOFFFFF WWWWOOOOOOOOOOOOFFFF WWWOOOOFF WWOOOOOOOOOOFFFFFF. "

    Woof woof woof woof. Woof woof woof woof woof woof woof woof woof woof. Woof woof woof.

    Woof, "WWWWWOOF WOOOOOOOOOOFFFF WWOOOOOF WWWOOOOOOOOF. "

    Woof woof woof woof, "WWOOOOOOOFF WWWWOOOFFFFF WOOOOFFF WWOOOOOOOOOOOOOFFFF WWWWWOOOOOOOF WWOOOOOOOFFF. "

    Woof woof, "WWOOOOOOOFFF WWWWOOOOOOOOFF WWWWOOOOOOOOFFFFF WWOOOOOFFFFF WWWOOOOOOOOF. "

    Woof woof woof woof woof woof woof woof woof. Woof, "WWWWOOOOOOFFF WWOOOOOOOOOF WWWWWOOOOOOOOOOFF WWWOOOOOOFFFFFFF. "

    Woof, "WWWOOOOOOFF WWWWOOOFF

WWWOOOOOOOOFFF WWWOOOOFFF WWOOOOOOOOFF WWWOOOOOOOOFFFF WWWWWOOOOOFFF WWOOOOOOOOOOFFF WWWOOOOOOF. "

Woof woof woof woof, "WWWOOOOOFFF WWWWOOOOFFFF WWWWOOOOOOOOOOFFFF WWWOOOOOFFFFFF. "

Woof woof woof, "WOOOFFFFFFF WWWWOOOOOOOOOOOOFFFF WWOOOOOOFFF WWOOOOOOFFFFF WOOOOOOOOFFFFF WWOOOOOOOOOOFFFFF WOOOOOFF WWWWOOOOOFFFF WWWOOOOOFFFF. "

Woof woof woof, "WWWWOOOOOOOOOOOFFFF WWOOOOOOOOOOFFFF WWWWWWOOOOOOOOOF WWWOOOOOOF WWOOOOOOOOOOFFFF WWWOOOF WWOOOOOOOOOOFFF. "

Woof woof woof woof, "WWWOOOOFFF WWWOOOOOOFFFFF WWOOOOOOOOOOOOFFF WWOOOOOOOOOOOOOOFFFFFF. "

Woof woof. Woof woof woof woof woof woof.

Woof woof woof, "WOOOOOOFFFF WWWOOOOOOOOF WWWOOOOOOFFFF. "

Woof woof, "WOOOOOFFFF WWOOOOOFF WOOOOOOOOOFF WOOOF WWWOOOOOOOOOFFF WWWOOOOOOOOOOOFFFF WWOOOOOOFFFFF WWWWWOOOOFF WWOOOOOOOFFFF WWWOOOOOOOFFFF. "

Woof woof, "WWWWWOOOOOOOOOOOFFF WWWWOOOOOFFFFFF WWWWOOOOOOOOOOOOOOFFF WWWOOOOOOFFF. "

Woof woof woof woof woof. Woof woof woof woof woof woof woof woof woof woof.

Woof woof, "WWOOOOOOOFF WWWOOOOOOOOOOOOOFFFF WWOOFFFF WWOOOOOF WOOOOOOOOFFFF WWWOOOOOFFF WWOOOOOFFFF

WWOOOOOOOOFFFF WOOOOOFF. "

Woof, "WWWWOOOOOFF WWOOOOOOOOF
WWWWWOOOOOOOOOOFFFFFF WWWOOOOOOOOOOFFF
WWWOOOOOOOOOOOFF. "

Woof woof woof woof woof woof woof woof.

Woof woof, "WWWWOOOOOFF
WWWOOOOOOOOOOOOOOOF WWWOOOOOOFF
WOOOOOOOOFFFFF WWWWWOOOOOOOFFF. "

Woof woof woof woof, "WWWWOOOOFFFFF
WWOOOFFF WWWWOOOOOOOOOOFFFF
WWWOOOOOOOOOFFF WWWWOOOOOF
WWWOOOOOOOOOFFFF WWWWOOOOF. "

Woof woof woof woof. Woof woof woof woof woof
woof.

Woof, "WWWWOOOOOOFFFF WWWOOOOOOOOF
WWWWOOOOOOOOOFFFF. "

Woof woof, "WWWOOOOOOOOOOFFFF WWOOOOOFFFF
WWOOOOOOOOFFFFF WWWOOOOFF. "

Woof, "WWWOOOOOOFFFF WOOOOOOOOOFFFF
WWWOOOOOFFFFFFF. "

Woof woof woof woof, "WWOOOOOOOOOOOOOFFFFF
WWWOOOOOOOFFFF WWOOOOFF WWWOOOOOFFFFF. "

Woof woof. Woof woof woof woof woof woof.

Woof woof, "WWWOOOOOFF WWWWOOOOOOOOF
WWWWOOOOOOOOFFFFF WWOOOOOFFF WOOOFF
WWWOOOOFFF WWWOOOOOFF. "

Woof woof, "WWWWOOOOOFFFF WWOOOOOOOOFF
WWWOOOOOOFFF WWOOOOOOOOOOOOOOFFFF
WWOOOOOOOOFFFF. "

Woof, "WWWOOOOOOFFFF WWWOOOOOOOOOOFFF
WOOOOOFFFF WWWOOOOFFFFF WWWWOOOOOOOOOFFF
WWWWOOOOOOOOOOOOOFFFFFF WWWWOOOOOOFF

103

WWOOOOOOOOOOFFF WWOOOOOOFFF WWOOOOFF. "

Woof woof woof, "WOOOOF WWWWOOOOFF
WWWWWOOOOOOOFFFFF WWWOOOOOOOFFFFF
WOOOOOOOOOOFFFFF WWWOOOOOOFFFF
WWWWOOOOOOOOOFFFFFFFFF. "

Woof woof woof woof woof woof woof woof woof woof
woof. Woof woof woof woof. Woof woof woof. Woof woof
woof. Woof woof woof, woof woof woof woof woof. Woof woof
woof woof woof, woof woof. Woof woof woof woof woof woof.
Woof woof. Woof woof woof woof, woof woof woof woof woof
woof. Woof woof woof woof woof, woof. Woof woof woof woof
woof woof woof woof woof woof woof, woof woof woof.

Woof woof woof woof woof. Woof woof woof woof
woof woof, woof woof woof woof woof. Woof woof woof woof
woof woof, woof woof woof woof woof woof. Woof woof woof
woof woof. Woof woof woof woof woof. Woof woof woof woof
woof woof woof woof, woof woof woof. Woof woof woof woof
woof woof, woof woof woof woof woof woof woof woof.

Woof woof woof woof. Woof woof woof woof woof
woof woof. Woof woof woof woof woof woof woof woof. Woof
woof woof woof woof woof woof woof. Woof woof woof woof
woof woof woof woof woof woof, woof. Woof woof woof woof
woof woof, woof woof woof woof woof. Woof woof woof woof
woof woof woof, woof woof woof woof woof. Woof woof woof
woof woof, woof. Woof woof woof woof woof woof woof woof.
Woof woof woof woof woof woof woof woof woof. Woof woof
woof woof. Woof woof woof. Woof woof woof woof woof woof
woof woof woof, woof woof woof woof woof. Woof woof woof
woof woof, woof woof.

Woof woof woof woof woof woof woof. Woof woof
woof woof woof woof woof. Woof woof woof woof woof woof
woof, woof woof woof woof woof. Woof woof woof woof woof

woof, woof woof woof. Woof woof woof woof, woof woof woof woof woof. Woof woof. Woof woof woof woof woof. Woof woof woof woof, woof woof woof.

Woof woof woof woof. Woof woof. Woof woof woof, woof woof woof woof woof woof. Woof woof woof woof woof woof woof, woof woof woof woof woof woof woof. Woof woof. Woof woof woof woof woof woof. Woof woof woof woof. Woof woof, woof woof woof woof woof. Woof woof woof woof, woof woof woof woof woof woof woof. Woof woof woof woof woof woof, woof. Woof woof woof woof, woof woof woof woof woof woof.

Woof woof woof woof woof woof woof. Woof woof woof woof woof woof woof woof woof woof. Woof woof woof woof. Woof woof woof woof, woof woof woof woof woof woof. Woof woof woof woof, woof. Woof woof woof woof woof woof, woof woof woof woof. Woof woof woof woof. Woof woof woof woof woof woof woof woof, woof woof woof woof.

Woof woof woof woof woof woof woof. Woof woof woof woof woof woof woof. Woof woof woof woof woof woof woof woof woof, woof woof woof. Woof woof woof woof woof, woof woof woof woof woof woof woof. Woof woof woof woof woof woof woof. Woof woof woof woof woof woof woof woof woof woof. Woof woof, woof woof woof woof. Woof woof woof woof, woof woof.

Woof woof woof. Woof woof woof woof woof woof woof. Woof woof woof woof woof woof, woof woof woof. Woof woof woof, woof woof woof. Woof woof woof woof, woof woof. Woof woof woof woof. Woof woof woof woof woof woof woof. Woof woof woof woof. Woof woof woof. Woof woof woof woof woof woof, woof woof. Woof woof woof woof, woof woof woof woof woof woof woof. Woof woof woof, woof woof woof woof woof woof woof woof woof woof. Woof woof, woof woof woof

woof woof woof.

Woof woof woof woof woof. Woof woof woof woof woof woof. Woof woof woof woof woof, woof woof woof. Woof woof woof woof, woof woof woof woof woof. Woof woof woof woof woof woof woof woof woof, woof woof woof. Woof woof. Woof woof woof woof. Woof woof woof, woof woof woof woof woof. Woof woof woof woof woof, woof woof woof woof woof woof.

Woof woof woof woof. Woof woof woof woof. Woof woof woof woof woof woof woof. Woof woof woof woof woof woof woof woof woof, woof woof woof woof. Woof woof woof, woof woof woof. Woof woof woof woof woof woof woof. Woof woof woof woof woof woof woof woof woof woof. Woof woof woof woof woof woof woof woof woof woof. Woof woof woof woof woof woof woof woof woof woof. Woof woof woof, woof woof woof woof woof woof woof woof woof. Woof woof woof, woof woof woof woof. Woof woof woof woof woof, woof woof woof woof.

Woof woof woof woof. Woof woof woof. Woof woof woof woof woof woof. Woof woof, woof woof woof woof woof woof. Woof woof woof woof. Woof woof woof woof woof woof woof woof. Woof woof woof, woof.

Woof woof woof woof woof woof woof woof. Woof woof woof woof woof woof woof woof, woof. Woof woof woof woof woof woof woof. Woof woof woof woof woof woof woof woof, woof woof woof woof woof. Woof woof woof woof woof woof woof, woof woof woof woof woof. Woof woof woof woof woof, woof woof.

Woof woof. Woof woof woof woof woof woof woof. Woof woof woof woof, woof woof woof woof woof woof. Woof woof woof woof woof. Woof woof woof woof woof woof woof. Woof woof woof woof woof, woof woof woof woof woof woof woof woof. Woof woof woof woof woof, woof woof woof woof

woof.

Woof woof woof woof woof woof. Woof woof woof woof woof woof. Woof woof woof woof, woof woof woof woof woof woof. Woof woof woof woof woof. Woof woof woof woof woof woof woof. Woof woof, woof. Woof woof woof woof woof, woof woof woof woof woof woof woof. Woof woof woof woof, woof woof woof.

Woof woof woof woof woof woof woof woof woof. Woof woof woof woof woof woof woof.

Woof woof, "WWOOOOOOOOOOOOOFFFF WWOOOOOOOOOOFFF WWWWOOOOOOOFFFFF WWWOOOOF WWWWOOOFF WWWWOOOOFFFFFFF WWOOOOOOOOOFF. "

Woof, "WOOOOOOOFFF WWWWWOOOF WWWWOOOOFFF WWWOOOOOOFFFFF WWOOOOOOOOOOF. "

Woof, "WWOOOOOOOOOFFFF WWOOOOOOOOFFFFF WWOOOOOFFFFF. "

Woof woof woof woof woof woof. Woof woof. Woof woof woof woof woof. Woof woof woof.

Woof woof, "WOOOOOFFF WWWWWOOOOOOOOFF WWOOOOOF WWWWWOOOOOOFFFFFF WOOOOOOOOOOFF WWWWOOOOOOFFFFF WWWWWWOOOOOOFFFF. "

Woof woof woof, "WWWOOOFFFFFF WOOOOFFF WWWOOOOOOOOOOOOOOFFFF. "

Woof, "WWWWWOOOOOOOOFFFF WOOOOOOOOOFFFF WWOOOOOOOOOOFFFFF WWWWOOOOOOOOF. "

Woof woof woof woof, "WWWOOFFFF WWWWWOOOOOOOOOFFF WWOOOOOFFF WWOOOFFF WWOOOOOOOOOOOFFF WWWWOOOOOFF. "

Woof woof, "WWWOOOOOOOOOOOF WWOOOOOOOOOOOFFFF WWWOOOOOOOOOF WWOOOOOOOOOOFFF WWWWOOOOOOOOOFFFF

WWWOOOOOOOOOFFFFFF WWWOOOOOOFF
WWWOOOOOOOOOOFF WWOOOOOOOOOOOOOOOFFFFFF
WWWOOOOFF. "

      Woof woof.

      Woof woof woof, "WWOOOOOOOFFFF WWOOOFFFFFF
WWWWWWOOOOOOOOOOFFFF. "

      Woof woof, "WWWWOOOOFFFF
WWWOOOOOOOOOOOOFFF WWWWWOOOOOOOOOOOFF. "

      Woof woof, "WOOOOOOOOOOOOFFFFFF
WWOOOOOOOOOFFFF WWWWWOOOFF WWOOOOOOOOFFFF. "

      Woof woof woof woof.

      Woof woof, "WWOOOOOOOOOOOFF
WWWWOOOOOOOFFFF WWWOOOOOOOOFF
WWOOOOOOOOOOOFFFF. "

      Woof, "WWOOOOOFFF WOOOOOOOOOOOOFF
WWWWOOOOOOOOOOOFFF WOOOOOOOFFF
WWOOOOOOFFFF. "

      Woof woof, "WOOOOOOOOOOOOFF
WWWOOOOOOOOOOOFFFF WWOOOOOOOF WOOOOFFFFF. "

      Woof woof, "WOOOOOOOFFFFF WOOOOOOOFF
WWOOOFFFF WWWOOOOFFF WWOOOOOOOOOFFFF. "

      Woof woof, "WWOOOFFFF WWWOOOOOOOOOFFFF
WWWOOOOOOOOF WWOOOOOOOOOOFFF
WWWWWWOOOOOOOOOOFFFFF. "

      Woof woof.

      Woof, "WWOOOOOFFFF WOOOOOOOOFFFFF
WWWOOOOOFF. "

      Woof woof woof, "WWOOOOOOOOOOOF
WWWOOOOOOOFFFFF WWWOOOOOOOOOOFFFF
WWWOOOOFFFF WWWOOOOFF. "

      Woof woof, "WOOOOOOOOOOOOFFFFFF
WWWWWOOOOOOOOOFFF WWOOOOOOOOOFFF

WWWWWOOOOFFFF WOOOOOOOOOFFF. "

Woof, "WWWWWOOOOOOOFFFFFFF
WWWOOOOOOF WWWOOOOOFFF WWWOOOOOOFFFFFFF. "

Woof woof woof woof, "WWWOOOOOOOFFF
WOOOOOOOF WWWOOOOOOOOOFFF WWWOOOOOOOOOOF
WWWWOOOFFFFF WWOOOOOOOOFFFF. "

Woof, "WWWOOOFFFFFF WWWOOOOOFFFFFF
WWOOOOOOF WWOOOOOOOOOOOFF
WWOOOOOOOOOOOOFFF WWWOOOOOOOFFF
WWWOOOOOOOF WWOOOOOFF. "

Woof woof woof, "WWWOOOOOOFFFFFFF
WWWOOOOOOFFFFFF WOOOOOOOOFF
WWWOOOOOOOOOOOOFFFF WWWOOOOOOOOOOFFFFFF
WWWOOOOOOFFFFF WWWWWOOOOOOOOOOOFF
WWWWOOOOOOOFFF. "

Woof woof woof woof woof woof woof. Woof woof
woof woof woof woof woof.

Woof woof, "WWOOOOOOFFF WWWOOOOOOOOOFFFFF
WWWOOOOOOFFF WWWOOOOFFFF WOOOOOOOFFF
WWWOOOOOOF WOOOOOOOOFFFFFF
WWWWWOOOOOOOOOOOFFF WWOOOOOOFF. "

Woof woof woof woof woof woof. Woof woof woof.

Woof woof woof woof, "WWWWWOOOOOOOOOFFFFF
WWWOOOOOFFFFFFF WWOOOOOFFF WWWOOOOOOOOOFF
WWWOOOOOOOOOFFFFF WWOOOOOOOOOOOFFFFFF
WWWOOOOOOOOOFFFF WWWOOOOOFF. "

Woof woof woof woof woof. Woof woof woof woof
woof.

Woof woof, "WOOOOOOFFF WOOOOOOOOOOF
WWWOOOOOOOFFFF WWOOOOFFFF WWWOOOOOOOOOFFFF. "

Woof woof woof woof woof woof.

Woof woof woof, "WWWWWOOOOFF WOOOOOOFFFFF

WWWWOOOOOOOOFFF WWWOOOOOOF WOOOOOOFFF
WWWWWOOOOOOOFFFFFF WWWWOOOOOOOOOOOOFF
WWOOOOOOF. "

Woof woof woof woof woof woof woof. Woof woof
woof woof woof woof woof.

Woof woof, "WOOOOOOOOFFFF
WWWWOOOOOOOOOFFF. "

Woof woof woof woof. Woof woof.

Woof woof woof, "WWWWOOOOOOOF
WWWWWOOOOOOOOFFFFFF WWOOOOOOOOOOOOFFFFF
WWWOOOOOOOOOOOOFFFFFFFF WWWOOOOFFFFF
WWWOOOOOOOOF. "

Woof woof woof woof. Woof woof woof woof woof
woof woof.

Woof woof woof, "WWOOOOOOOF
WWWWOOOOOOOOOOFFF WWWOOOOOOOOOFFFFFFF
WWWOOOOOOFFFF WOOOFF. "

Woof woof woof, "WWOOOOOOOOFFFFFF
WWWWOOOOOOOOOOOOOOFFFFF WWOOOOOOFFFF
WWOOOOOOOOFFF WWWOOOOOOOOOOOOFFFFFF
WWOOOOOOOFF WWOOOOOOOOOOFF. "

Woof woof, "WWWOOOOOOOOOOOFFFF
WWWOOOOOOOOOOFFF WOOOOFFF WWOOOOOOOOFFF. "

Woof woof, "WWOOOOOOOFFF WWOOOOOOOOOFFFFFF
WWWWOOOOOOOOOFF WWWWWOOOOFFFF
WWWWWOOOOFFFF WOOOOOOOOFFF. "

Woof woof woof, "WWOOOOOOOOOOFFFF
WWOOOOOOOOOFFF WWWWOOOOOOOFF WWWOOOOOFF
WWWOOOOOOOOOOOOFFFF WWWWOOOFF WWWWOOOOF. "

Woof, "WWWOOOOOOFFFFFF WOOOOOOOOFFF
WWOOOOOF. "

Woof woof, "WWOOOOFFF WWWWWOOOOOOOOOOFF

WWWWOOOOOOOFFFFF WWWOOOOOOOOFF
WWWOOOOOOOFFFFFF. "

Woof woof woof, "WWWOOOOOOOFFFFF
WOOOOOOOFFFFFFFF WWOOOOOOFFFFF WWOOOOOOOFFFFF
WWWOOOOFFFFFFFF WWWOOOOFFF WWWOOOOOOOOFF. "

Woof woof woof woof woof woof woof woof woof woof
woof. Woof woof woof woof woof woof woof woof woof.

Woof woof, "WOOOOOOOF WWWWWOOOOOOOFFFF
WWWOOOOOOOFFFF WWWOOOOOFFF WWOOOOOOOFF
WWWOOOOOOOOOOOFF. "

Woof, "WWWOOOOOOOOOOOFFF
WWWWWOOOOOFFFFF. "

Woof, "WWWWOOOOF WWWOOOOOFFF
WWWWOOOOOOOOOFFFFF WWWOOOOOOOOOOOFFFFF
WWWOOOOOFFFFF WWOOOOOOOOOOOFFF
WWOOOOOOOOOOOOFFF. "

Woof woof woof woof. Woof woof woof woof woof
woof.

Woof woof woof, "WWWWOOOOFF
WWWWWOOOOOOOOOOOFF WOOOOOFFFFFFF
WWWWOOOOOOF WWWOOOOOOOOOFFFFF
WWWOOOOOOOOOFFFF. "

Woof woof woof, "WWWWWOOOOOOOOFF
WWWWOOOOOOF WWWOOOOOOFF
WWWOOOOOOOOOFFFFFF WWWOOOOOOOOOOOOF
WWWWOOOOOOOFF WWWOOOOOOOOOOOFFFFFF
WWOOOOOOOOFFFF. "

Woof woof woof, "WWWWOOOOOOOOOOFF
WWWWOOOOOOFFF WOOOOOOOOOFFF WOOOOFFFF
WWOOOOOOOOOOOOFFFF WWOOOOOOOOOOFF. "

Woof woof, "WOOOOOOF WWWWWOOOOOOOFFFF
WOOOOOOOOOFFFF WWWOOOOOOOOFFFFF

WWOOOOOOOOOOFFF. "

Woof woof, "WWWOOOOOF WWWWOOOOOFFFF
WWWWOOOOOF WWWOOOFF WWOOOOOOOOOFFFFFF. "

Woof, "WWOOOOOOFFF WWWWWOOOOOOOFFF
WOOOOF. "

Woof, "WWWOOOOOFFFFF WWOOOFFF
WWWWWWOOOOOOOOOOOOOFFF WWWOOOOOOOOFFFF. "

Woof woof woof woof woof woof woof woof woof.
Woof woof woof woof woof woof woof woof. Woof woof woof
woof woof woof.

Woof woof woof, "WWWOOOOOOOFFF
WWWOOOOOOOOOOOFFF WWWOOOOOFFF WWWOOOOOFFF
WWWOOOOFFFF. "

Woof woof, "WWWOOOOOFFFFFF WWWOOOOOOOOOFF
WWOOOOFFFF WWOOOOOOOOOOFF WWOOOOOOOOOOFFFF
WWWOOOOOFFFF. "

Woof woof woof, "WWWOOOOOOOFF
WWOOOOOOOOOOOOFFFFF WWWOOOOOOF
WWWOOOOOOFFF WWWOOOOOOFFFF
WWWWOOOOOOOOOOFF. "

Woof, "WWWOOOOF WWOOOOOOFFF
WWOOOOOOOOFFF WWWWOOOOOOOOOOFF. "

Woof woof, "WWOOOOOOOF WWWOOOOOOOOOFFFF
WOOOOOFFFF WWWWOOOOF WWWOOOOOOFF
WWWOOOOOOOOOOFFF WOOOOOOF. "

Woof woof woof woof, "WOOOOFFFF
WWWOOOOOOOOOOOFFFFFFF WWWWWOOOOOOOOOOOFF. "

Woof woof woof, "WWOOOF WWWWOOOFFF
WWWWWWOOOOOOOOOOOOFFFFFF. "

Woof woof. Woof woof woof.

Woof woof, "WWWOOOOOOOOOOFFFFF
WWOOOOOOOF WWWOOOOOOFFF. "

Woof woof woof woof,
"WWWWWOOOOOOOOOOOOFFFF WWOOOOOOFFFF
WWOOOOOFFFF WWWOOOOOOOFFFFF WWWOOOOOOFFFF
WWOOOOOOOOFFFFFF. "

Woof, "WWWOOOOOOFFF WWWWOOOOOOOOFFFF
WWWWOOOOOOOOF WOOOFFFFF. "

Woof woof woof, "WWWWOOOOOOOFFF
WWWOOOOOOOOOFFFF WWWOOOOFFFFFFF WOOOOFFF
WWWWWOOOOFFF. "

Woof woof, "WWWOOOOOOOOOOFFFF
WWWWOOOOOOOOOFF WWWOOOOOOOOOFF
WWOOOOOFFFFF. "

Woof woof, "WWOOOOOOOOOFFFF WWOOOOFFFF
WWOOOOOOOOOFF. "

Woof woof woof woof woof woof woof. Woof woof
woof woof woof woof woof woof.

Woof woof woof woof, "WWOOOOOOOFFFF
WOOOOOOOOOOFFF WWOOOOOOOOOFFFFF WWWOOOOOOOFFF
WWWWOOOOOOOOOFFFF WWWWOOOOOOFF. "

Woof woof, "WWWOOOOOOFFF WWOOOOFFF
WWWOOOOOOFFFFFFF. "

Woof, "WWOOOOOFFF WWWOOOOFFFFF
WWWOOOOOOFF WOOOOOOOFFF. "

Woof woof, "WWWWOOOOOOOOFFFFF WWOOOOOOFF
WWWWWOOOOOOOOOFFFFFF WWWOOOOOOOOFFFFFFF
WWWWOOOOOF WWWWWOOOOOOOOOFFFFF. "

Woof woof, "WWWWOOOOOFFF
WWWWOOOOOOOOOFF WWWOOOOOOOOOFF WOOOOOOOFFF
WWWWOOOOOOOOOFFFF WOOOOOFF WWWOOOOOOOOF
WWOOOOOFFF. "

Woof woof woof, "WOOOOOOOFF WWOOOOOOOOOFFFFFF
WWOOOOOOFFFF. "

Woof woof woof woof woof.

Woof woof woof, "WWOOOOOOOOOFFFFF WWWOOOOOOOFF WWWWOOOOOOOFF WWWWOOOOOFF WWWWWOOOOOOOOFFFFFF WWOOOOOOOOOFFF WWWWOOOOOOFFFFFF WWWWOOOOOOOFFFFF WOOOOOFFF. "

Woof woof woof woof, "WWWWOOOOOOOOF WWWWWWOOOOOFFFFF WOOOFFFFFFF WOOOOOOOOFFFFF. "

Woof woof, "WWWWOOOOOOOOOFFFFFFF WWWWWOOOOOOOOOFFF WWWWOOOOOOOFF WWWOOOOOOOFF WWOOOOOOOFFFFF WWOOOOOOOFFFF. "

WOOF

Woof woof woof woof woof. Woof woof woof woof woof woof woof. Woof woof woof woof, woof woof woof. Woof woof woof woof woof. Woof woof woof woof woof. Woof woof woof woof woof woof woof, woof woof woof woof. Woof woof woof woof woof woof woof, woof woof.

Woof woof woof woof woof. Woof woof woof woof woof woof woof woof woof. Woof woof woof, woof woof woof woof woof woof woof. Woof woof woof woof woof woof woof. Woof woof woof woof. Woof woof woof woof woof woof woof woof, woof woof woof woof woof woof. Woof woof woof woof, woof woof woof woof woof woof woof woof.

Woof woof woof woof woof woof woof. Woof woof woof woof woof woof. Woof woof woof woof woof woof woof. Woof woof woof woof woof woof, woof woof woof woof woof woof. Woof woof woof woof woof woof woof woof, woof. Woof woof woof woof woof woof woof woof. Woof woof woof woof woof woof

woof woof woof woof woof woof woof. Woof woof woof woof woof woof woof, woof woof woof woof woof woof woof woof. Woof woof woof woof woof woof, woof woof woof woof. Woof woof woof woof woof woof, woof woof.

Woof woof woof woof woof woof. Woof woof woof woof woof woof. Woof woof woof woof woof woof woof woof woof woof woof, woof woof woof woof woof. Woof woof woof woof woof woof woof, woof woof. Woof woof woof, woof woof woof woof woof. Woof woof woof woof woof woof woof woof, woof woof woof. Woof woof. Woof woof woof. Woof woof woof. Woof woof woof. Woof woof, woof woof woof woof woof woof woof. Woof woof woof woof woof woof woof woof woof woof, woof woof woof.

Woof woof woof woof woof woof. Woof woof woof woof woof woof woof woof. Woof woof woof. Woof woof woof woof woof woof woof woof, woof woof woof woof woof woof woof. Woof woof woof woof woof woof, woof woof woof. Woof woof woof woof woof woof, woof woof woof woof woof woof. Woof woof woof woof woof woof woof woof woof woof woof woof woof. Woof woof woof. Woof woof woof woof woof woof woof, woof woof woof woof woof. Woof woof woof woof woof woof, woof woof woof woof woof.

Woof woof woof woof woof woof woof. Woof woof woof woof woof woof. Woof woof. Woof woof woof woof woof, woof woof woof woof woof woof. Woof woof woof woof, woof woof woof woof woof woof woof woof woof. Woof woof woof. Woof woof woof woof woof woof woof woof woof. Woof woof woof woof woof woof woof woof woof woof, woof woof woof. Woof woof woof woof woof woof, woof woof woof woof woof woof.

Woof woof woof. Woof woof woof, woof woof woof woof woof. Woof woof woof woof, woof woof. Woof woof woof

woof woof. Woof woof woof woof woof woof woof. Woof woof woof woof. Woof woof woof woof woof woof woof woof, woof woof.

Woof woof woof woof woof woof woof. Woof woof woof woof woof woof, woof woof. Woof woof woof, woof woof woof. Woof woof woof woof woof. Woof woof woof woof woof woof, woof woof woof woof woof. Woof woof woof woof woof, woof woof woof woof woof. Woof woof woof, woof woof woof.

Woof woof woof woof woof woof. Woof woof woof woof woof woof. Woof woof woof woof. Woof woof woof woof woof woof, woof woof woof woof woof woof. Woof woof woof woof woof, woof woof woof woof. Woof woof woof woof woof woof woof woof woof woof. Woof woof woof, woof woof.

Woof woof woof woof. Woof woof woof woof woof. Woof woof woof woof, woof woof woof woof woof woof woof woof woof. Woof woof woof woof, woof woof woof. Woof woof woof woof. Woof woof woof woof woof woof woof woof woof woof. Woof woof woof woof woof, woof woof woof.

Woof woof woof woof woof woof woof woof. Woof woof woof woof, woof woof. Woof woof, woof. Woof woof woof woof woof woof woof woof, woof woof woof woof woof. Woof woof woof. Woof woof woof woof woof woof woof woof woof woof, woof woof. Woof woof woof, woof woof woof woof.

Woof woof woof. Woof woof woof woof woof woof woof woof, woof woof woof woof. Woof woof woof woof woof woof, woof woof woof woof woof woof. Woof woof woof woof woof woof woof woof. Woof woof woof woof woof woof woof. Woof woof woof woof woof woof woof woof. Woof woof woof. Woof woof woof woof woof woof woof woof, woof. Woof woof woof woof, woof woof woof woof. Woof woof woof woof, woof woof woof woof. Woof woof woof woof woof woof, woof woof woof woof woof.

Woof woof woof woof woof woof woof woof woof.
Woof woof woof. Woof woof woof woof woof, woof woof woof
woof woof woof woof. Woof woof woof woof woof woof woof
woof woof woof. Woof woof woof woof, woof. Woof woof woof
woof woof woof woof woof, woof woof woof woof woof. Woof
woof woof woof, woof woof. Woof woof woof woof, woof woof
woof woof woof woof.

Woof woof woof woof woof woof woof. Woof woof
woof woof, woof woof woof woof woof woof woof. Woof woof
woof woof woof woof woof woof, woof woof woof woof woof. Woof woof
woof woof woof woof woof woof. Woof woof, woof. Woof woof
woof, woof woof woof woof woof woof woof.

Woof woof. Woof woof woof woof woof woof woof.

Woof, "WWWOOOOOOFFF WWOOOOOOOOFFFF
WOOOOOFFFFF. "

Woof woof woof, "WOOOOOOOOFFFFF WWOOOFFF
WWWWOOOOOFFF WWWOOOOOOF WWWWOOFFFF
WWWOOOOOFF. "

Woof woof, "WWWWWOOOOOFFFF
WWWWWOOOOOOOOOOFFF WWWWOOOOOOFF
WWOOOOOOFFF. "

Woof, "WWOOOOOOOOFFFFFFFFF
WOOOOOOOOOOOFFFFF WOOOOOFFFFFF. "

Woof woof woof woof woof woof woof. Woof woof
woof woof woof woof woof woof woof. Woof woof woof woof
woof.

Woof woof, "WWWWOOOOOOOFFF
WWWOOOOOOFFFF WWOOOOOFF. "

Woof woof woof, "WWOOOOOOOOOFFFF
WWWWWOOOOOOOFF WWWOOOOOOOOOOOOOOOFFFFF
WWOOOOFFFF WWWWOOOOOOOOF. "

Woof, "WWWOOOOOOOFF WWWWOOOOOOOOFFFF

WWOOOOOOOFF WWOOOOFFFF. "

Woof woof woof woof woof woof. Woof woof woof woof woof. Woof woof woof woof woof woof woof woof woof.

Woof woof, "WWOOOOOOOOFF WWWWOOOOOOOOF WWWWOOOOOFFF WWWOOOOFF. "

Woof woof, "WWWOOOOOOOOFFF WWOOOOOOOOOFFFFFF WWWWOOOOOOFF WWWWOOOOOOOOFF WOOOOOOOOFF. "

Woof woof woof, "WWWWWWOOOOOOOOOOOOOOFFFF WOOOOOOOFFF WWWOOOFFFFFF WWWWOOOOOFFF WWWWWOOOOOOOOOFFFF WWWWOOOOOOOOFF WWWOOOOOOOOFF. "

Woof woof woof woof woof woof woof woof. Woof woof woof woof woof. Woof woof woof woof woof woof.

Woof woof, "WWWOOOOFFFF WWWOOOOOOOOOOFFFFF WWOOOOOOOOFFFF WWWWWWOOOOOOFFF WOOOOOOOOF WWWWWOOOOOOOOOF. "

Woof woof, "WOOOOOOOOOFFFF WWWOOOOOOOOFF. "

Woof woof woof.

Woof woof, "WWOOOOF WWWOOOOOOFFF WWWWWOOOOOFFF WWWWOOOOOOFFF. "

Woof woof woof woof woof woof woof.

Woof woof, "WWWWOOOOOOFFFF WOOOOOOOFFFF WWWWOOOOOOFFFFF WWWWOOOOOOFFFF WWOOOOOFFFFF. "

Woof, "WWWOOOOOOOOOOOFFFFF WWWWOOOF WWWWWOOOOOOOFF. "

Woof woof, "WWWOOOFFFF WOOOOOOOOOF WWOOOOOOOOFFFF WOOOOOOOOOF WWOOOOOFFFF

WWOOOOOF WWWOOOOOOOOFFF WWWOOOOOOOOOF. "

    Woof woof woof, "WOOOOOFFF WWWWOOFFF WWOOOOOOOOF WOOOOOOOOOOFF. "

    Woof woof, "WWWOOOOOOOOOOOFFFFF WWWWOOOOOOOOFFFFFF WWOOOOOOOFFFFF WWOOOOF. "

    Woof woof woof woof, "WOOOOOOOFFF WOOOOOOOOOFFF WWWOOOOOOFFF WWWWWWOOOOOOOOFF WOOOOOOOOOFF. "

    Woof woof woof woof, "WWWOOOOOOOOOF WWOOOOOOOOOOFFFFF WWOOOOOOOOFFFFF WWWOOOOOFFFFF WOOOOOOOOOOFFF. "

    Woof woof woof woof woof woof. Woof woof woof woof woof woof.

    Woof woof, "WWWWOOOOOOFFF WWWOOOOFFFF WWOOOOOOOOOOFF WWWWOOOOOOOOFFFFFF WWOOOOOOFFFFFF WOOOOOFFFFF WWWOOOOOFFFFF. "

    Woof woof, "WWOOOOOOOOF WWOOOOOOOOOFF WOOOOOFFF WWWWOOOOOOOOOOFFFFFF WOOOOOOOOOOFFFFF. "

    Woof woof woof, "WWWWOOOFFF WWWWOOOOOOOOFF. "

    Woof woof woof woof woof woof woof woof woof woof woof. Woof woof woof woof woof woof woof. Woof woof woof woof woof.

    Woof woof woof, "WWWWOOOOOOOF WWWOOOOOOFFF WWOOOOOOFF. "

    Woof woof woof, "WWOOOOOOOOFFFF WWWOOOOOOOOOOFFF WWWOOOOOFFFF WWWWWWOOOFF WOOOOOOFFFF WWWWOOOOOOOFFFF. "

    Woof woof, "WWWWOOOOOOOOFFFF WWOOOOOOOOOFF WWWOOOOOOOOOOFFF. "

Woof woof woof, "WWWOOOOOOOFF
WWOOOOOOFFFFF WWWWOOOFFFFF WWOOOOOOOFFFF. "

Woof woof woof, "WWOOOOOOOFFFFFFF
WWWOOOOOOOOOOOOFF WWWOOOOFF WWWOOOFFF
WWWOOOOOFFFF WWWOOOOOOF
WWWWOOOOOOOOOFFFF WWWWWOOOOOOOOOFFF. "

Woof, "WWWOOOOOOOFF WWWOOOOOOOOOFFFF
WOOOOOOOOFFFFFFFF WWWOOOOOOFF WWOOOOOFF
WOOOOOOOOOOFFF. "

Woof woof, "WWOOOOOOOOFFFF
WWOOOOOOOOOOOOFFFFF WWWOOOOOOOOOOOOFF
WWWOOFFFFF WWOOOOOOOF. "

Woof woof. Woof woof woof woof woof woof. Woof
woof woof woof.

Woof woof, "WWOOOOOFFFF WWWOOOOOOFFFFF
WOOOOOOFFFFFF WWWOOOOOOOOFFF
WWWWOOOOOOOOF WOOOOOOOOOFF WWWWWOOOOOFF
WWOOOOOOOFFFFF WWOOOOOOOFFFFF. "

Woof woof woof woof woof woof woof woof. Woof
woof woof woof woof woof woof woof. Woof woof woof woof
woof woof woof. Woof woof woof woof woof woof.

Woof woof woof woof, "WWWOOOOOOOOFF
WOOOOOOOOOOFFF WWWWOOOOOOF WWWWWOOOFF
WWWOOOOOFFFFF WWWOOOOOOOOOOOFFFFF
WWWWOOOOOOOOOFFF. "

Woof, "WWWWOOOOOOOOOFFF WWOOOOOOOOOFFFF
WWWWWOOOOOOOFF WWWWOOOOOFFFFFF. "

Woof woof, "WWWWOOOOOOOFFFFF
WWWWOOOOOOOFFFF WOOOOOFFFF WWOOOOOOOOOF. "

Woof woof, "WWOOOOFFFFFFFF
WWWWOOOOOOOOOFFFF WWWWOOOOOOOFF
WWOOOOOOOOOOOOFFFF WWWWOOOOOOOOFFFFF

WWOOOOOOFFF WWWWOOOOOOOOOOOOFFF
WWWWWOOOOOOF. "

Woof woof woof, "WOOOOOFFFF WWWOOOOF
WWWOOOOOOOOOOOFFFFF WWWOOOOOFF
WWWOOOOOOOOOOFFFFFF WWWWWOOOOFFF
WWWOOOOOOFFFFFF WWWOOOOFFFFFF. "

Woof woof woof woof woof woof woof.

Woof, "WOOOOOFFFFF WWWWOOOOOOOFFFF
WWWOOOOOOFFFFFF WWOOOOOOOOOFFFF. "

Woof, "WWWOOOOOOFFFFF
WWWWWOOOOOOOOOOOOFFFF WOOOOOOOOFFFF
WWOOOOOOFFF WWWOOOOOOFFFFF WWWOOOFFFFF. "

Woof woof, "WWWOOOOOOOFFF
WWWWWOOOOOOOOOOFFFF WWWWWOOOOOFFFF. "

Woof, "WWWOOOOOFFF WWWOOOOOOFFFF
WOOOOOOOOOFFF WOOOOOOFFFF WOOOOOOOOOFFF. "

Woof woof, "WWOOOOOOOOOFFF WOOOF. "

Woof woof woof woof woof. Woof woof woof.

Woof woof woof, "WOOOOOFFF
WWWWOOOOOOOOFFFF WWWOOOOOOOOOFFF
WWWOOOOOOOOFFFF WWWWWWOOOOOOOFF
WWWOOOOOOOOOOFFF. "

Woof woof woof, "WWWWOOOOOOOOOFFF
WWWOOOOOOFFF WWWWWOOOOOOFFFF
WWWWWOOOOOOOFFF WWWOOOOOOOOOFFFF
WOOOOOOOOOFFFFFF. "

Woof, "WWOOOOOOOOOOF
WWWWOOOOOOOOOOFFFFFFF WWWOOOOOOOFFF
WWWOOOFF WWWWWOOOOOOOOFFF
WWWWOOOOOOOOOFFFFF WOOOOOOOOOFFFF. "

Woof woof, "WWOOOOOOOOOFF
WWOOOOOOOOOOOOFFF WWOOOOOOFFF

WWWOOOOOOOFFFF WWWOOOOOOOOOOOFFFF
WWWOOOOOOOOOF. "

Woof, "WWWOOOOOOFFFF
WWWOOOOOOOOOOOOOOFFF WWWWOOOOOOOOFFF
WWOOOOOFFFF WWWWOOOOOOOFFFF. "

Woof woof, "WOOOOOOOOOOOOFF
WWWOOOOOOOFFFFFF WWWWWOOOOOOFF
WWOOOOOOOFFFF WWWOOOOFFFF. "

Woof woof woof, "WWWWOOOOFFFF
WWWWWOOOFFF WWWOOOOOOOOFFFFF WWOOOFFFF
WWOOOOOOOOOOFFFFF WWOOOOOOOOOOF. "

Woof woof woof woof. Woof woof woof woof woof
woof woof woof woof woof woof woof. Woof woof woof woof
woof woof. Woof woof woof woof.

Woof woof, "WWOOOOOOOOFF WOOOOOOOOOOFFF
WWWOOOOOOOFFF WWWWWOOOOOOOOOOOOOOFFFFF
WWWWOOOOOOOOOOOOFFFF WWWOOOOFF
WWOOOOOOOOOOFFFFFF. "

Woof woof woof woof. Woof woof woof woof woof
woof woof woof woof woof. Woof woof woof.

Woof, "WWWWWOOF WOOOOOOOOOOOFFFF
WWOOOOOF WWWOOOOOOOOOF. "

Woof woof woof woof, "WWOOOOOOOFF
WWWWOOOFFFFF WOOOOFFF WWOOOOOOOOOOOOOOFFFF
WWWWWOOOOOOOF WWOOOOOOOOFFF. "

Woof woof, "WWOOOOOOOOFFF WWWWOOOOOOOOOFF
WWWWOOOOOOOOOFFFFF WWOOOOOFFFFF
WWWOOOOOOOOOF. "

Woof woof woof woof woof woof woof woof woof.
Woof, "WWWWOOOOOOFFF WWOOOOOOOOOF
WWWWWOOOOOOOOOOFF WWWOOOOOOFFFFFFF. "

Woof, "WWWOOOOOOFF WWWWOOOFF

WWWOOOOOOOOFFF WWWOOOOFFF WWOOOOOOOOFF
WWWOOOOOOOOFFFF WWWWWOOOOOFFF
WWOOOOOOOOOFFF WWWOOOOOOF. "

Woof woof woof woof, "WWWOOOOOFFF
WWWWOOOOFFFF WWWWOOOOOOOOOOFFFF
WWWOOOOOFFFFFF. "

Woof woof woof, "WOOOFFFFFFF
WWWWOOOOOOOOOOOOFFFF WWOOOOOOOFFF
WWOOOOOOFFFFF WOOOOOOOFFFFF WWOOOOOOOOOOFFFFF
WOOOOOFF WWWWOOOOOFFFF WWWOOOOOFFFF. "

Woof woof woof, "WWWWOOOOOOOOOOFFFF
WWOOOOOOOOOOFFFF WWWWWOOOOOOOOOF
WWWOOOOOOF WWOOOOOOOOOOFFFF WWWOOOF
WWOOOOOOOOOOFFF. "

Woof woof woof woof, "WWWOOOOFFF
WWWOOOOOOFFFFF WWOOOOOOOOOOOOFFF
WWOOOOOOOOOOOOOOOFFFFFF. "

Woof woof. Woof woof woof woof woof woof.

Woof woof woof, "WOOOOOOFFFF WWWOOOOOOOOF
WWWOOOOOOFFFF. "

Woof woof, "WOOOOOFFFF WWOOOOOFF
WOOOOOOOOOFF WOOOF WWWOOOOOOOOOFFF
WWWOOOOOOOOOOOFFFF WWOOOOOOOFFFFF
WWWWWOOOOFF WWOOOOOOOFFFF WWWOOOOOOFFFFF. "

Woof woof, "WWWWWOOOOOOOOOOOFFF
WWWWOOOOOFFFFFF WWWWOOOOOOOOOOOOOOFFF
WWWOOOOOOFFF. "

Woof woof woof woof woof. Woof woof woof woof
woof woof woof woof woof woof.

Woof woof, "WWOOOOOOOFF
WWWOOOOOOOOOOOOOOOFFFF WWOOFFFF WWOOOOOF
WOOOOOOOFFFF WWWOOOOOFFF WWOOOOFFFF

WWOOOOOOOOFFFF WOOOOOFF. "

Woof, "WWWWOOOOOFF WWOOOOOOOOF
WWWWWOOOOOOOOOFFFFFF WWWOOOOOOOOOOFFF
WWWOOOOOOOOOOFF. "

Woof woof woof woof woof woof woof woof.

Woof woof, "WWWWOOOOFF
WWWOOOOOOOOOOOOOOF WWWOOOOOOFF
WOOOOOOOOFFFFF WWWWOOOOOOOFFF. "

Woof woof woof woof, "WWWWOOOOFFFFF
WWOOOFFF WWWWOOOOOOOOOOFFFF
WWWOOOOOOOOOFFF WWWWOOOOOF
WWWOOOOOOOOOFFFF WWWWOOOOF. "

Woof woof woof woof. Woof woof woof woof woof
woof.

Woof, "WWWWOOOOOOFFFF WWWOOOOOOOOOF
WWWWOOOOOOOOOFFFF. "

Woof woof, "WWWOOOOOOOOOOFFFF WWOOOOOFFFF
WWOOOOOOOOFFFFF WWWOOOOFF. "

Woof, "WWWOOOOOOFFFF WOOOOOOOOOFFFF
WWWOOOOOFFFFFFF. "

Woof woof woof woof, "WWOOOOOOOOOOOOOFFFFF
WWWOOOOOOOFFFF WWOOOOFF WWWOOOOOFFFFF. "

Woof woof. Woof woof woof woof woof woof.

Woof woof, "WWWOOOOOFF WWWWOOOOOOOOF
WWWWOOOOOOOFFFFF WWOOOOOFFF WOOOFF
WWWOOOOFFF WWWOOOOOFFF. "

Woof woof, "WWWWOOOOOFFFF WWOOOOOOOOFF
WWWOOOOOOFFF WWOOOOOOOOOOOOOOFFFF
WWOOOOOOOOFFFF. "

Woof, "WWWOOOOOOFFFF WWWOOOOOOOOOOFFF
WOOOOOFFFF WWWOOOOFFFFF WWWWOOOOOOOOOFFF
WWWWOOOOOOOOOOOOOOOOFFFFFF WWWWOOOOOOFF

WWOOOOOOOOOFFF WWOOOOOOFFF WWOOOOFF. "

Woof woof woof, "WOOOOF WWWWOOOOFF
WWWWWOOOOOOFFFFF WWWOOOOOOFFFFF
WOOOOOOOOFFFFF WWWOOOOOFFFF
WWWWOOOOOOOOFFFFFFFF. "

Woof woof woof woof woof woof woof woof woof woof
woof. Woof woof woof woof. Woof woof woof. Woof woof
woof. Woof woof woof, woof woof woof woof woof. Woof woof
woof woof woof, woof woof. Woof woof woof woof woof woof.
Woof woof. Woof woof woof woof, woof woof woof woof woof
woof. Woof woof woof woof woof, woof. Woof woof woof woof
woof woof woof woof woof woof woof, woof woof woof.

Woof woof woof woof woof. Woof woof woof woof
woof woof, woof woof woof woof woof. Woof woof woof woof
woof woof, woof woof woof woof woof woof. Woof woof woof
woof woof. Woof woof woof woof woof. Woof woof woof woof
woof woof woof woof, woof woof woof. Woof woof woof woof
woof woof, woof woof woof woof woof woof woof woof.

Woof woof woof woof. Woof woof woof woof woof
woof woof. Woof woof woof woof woof woof woof woof. Woof
woof woof woof woof woof woof woof. Woof woof woof woof
woof woof woof woof woof woof, woof. Woof woof woof woof
woof woof, woof woof woof woof woof. Woof woof woof woof
woof woof woof, woof woof woof woof. Woof woof woof woof
woof woof, woof. Woof woof woof woof woof woof woof woof.
Woof woof woof woof woof woof woof woof woof. Woof woof
woof woof. Woof woof woof. Woof woof woof woof woof woof
woof woof woof, woof woof woof woof woof. Woof woof woof
woof woof, woof woof.

Woof woof woof woof woof woof woof. Woof woof
woof woof woof woof woof. Woof woof woof woof woof woof
woof, woof woof woof woof woof. Woof woof woof woof woof

woof, woof woof woof. Woof woof woof woof, woof woof woof woof woof. Woof woof. Woof woof woof woof woof. Woof woof woof woof, woof woof woof.

Woof woof woof woof. Woof woof. Woof woof woof, woof woof woof woof woof woof. Woof woof woof woof woof woof woof, woof woof woof woof woof woof woof. Woof woof. Woof woof woof woof woof woof. Woof woof woof woof. Woof woof, woof woof woof woof woof. Woof woof woof woof, woof woof woof woof woof woof woof. Woof woof woof woof woof woof, woof. Woof woof woof woof, woof woof woof woof woof woof.

Woof woof woof woof woof woof woof. Woof woof woof woof woof woof woof woof woof woof. Woof woof woof woof. Woof woof woof woof, woof woof woof woof woof woof. Woof woof woof woof, woof. Woof woof woof woof woof woof, woof woof woof woof. Woof woof woof woof. Woof woof woof woof woof woof woof woof, woof woof woof woof.

Woof woof woof woof woof woof woof. Woof woof woof woof woof woof woof. Woof woof woof woof woof woof woof woof, woof woof woof. Woof woof woof woof woof, woof woof woof woof woof woof woof. Woof woof woof woof woof woof woof. Woof woof woof woof woof woof woof woof woof woof woof. Woof woof, woof woof woof woof. Woof woof woof woof, woof woof.

Woof woof woof. Woof woof woof woof woof woof woof. Woof woof woof woof woof woof, woof woof woof. Woof woof woof, woof woof woof. Woof woof woof woof, woof woof. Woof woof woof woof. Woof woof woof woof woof woof woof. Woof woof woof woof. Woof woof woof. Woof woof woof woof woof woof, woof woof. Woof woof woof woof, woof woof woof woof woof woof woof. Woof woof woof, woof woof woof woof woof woof woof woof woof woof. Woof woof, woof woof woof

woof woof woof.

Woof woof woof woof woof. Woof woof woof woof woof woof. Woof woof woof woof woof, woof woof woof. Woof woof woof woof, woof woof woof woof woof. Woof woof woof woof woof woof woof woof woof, woof woof woof. Woof woof. Woof woof woof woof. Woof woof woof, woof woof woof woof woof. Woof woof woof woof woof, woof woof woof woof woof woof.

Woof woof woof woof. Woof woof woof woof. Woof woof woof woof woof woof woof. Woof woof woof woof woof woof woof woof woof, woof woof woof woof. Woof woof woof, woof woof woof woof. Woof woof woof woof woof woof woof. Woof woof woof woof woof woof woof woof woof woof woof. Woof woof woof woof woof woof woof woof woof woof woof. Woof woof woof woof woof woof woof woof woof woof. Woof woof woof, woof woof woof woof woof woof woof woof woof. Woof woof woof, woof woof woof woof. Woof woof woof woof woof, woof woof woof woof.

Woof woof woof woof. Woof woof woof. Woof woof woof woof woof woof. Woof woof, woof woof woof woof woof woof. Woof woof woof woof. Woof woof woof woof woof woof woof woof. Woof woof woof, woof.

Woof woof woof woof woof woof woof woof. Woof woof woof woof woof woof woof, woof. Woof woof woof woof woof woof woof. Woof woof woof woof woof woof woof, woof woof woof woof woof. Woof woof woof woof woof woof woof, woof woof woof woof. Woof woof woof woof woof, woof woof.

Woof woof. Woof woof woof woof woof woof woof. Woof woof woof woof, woof woof woof woof woof woof. Woof woof woof woof woof. Woof woof woof woof woof woof woof. Woof woof woof woof woof, woof woof woof woof woof woof woof woof. Woof woof woof woof woof, woof woof woof woof

woof.

Woof woof woof woof woof woof. Woof woof woof woof woof woof. Woof woof woof woof, woof woof woof woof woof woof. Woof woof woof woof woof. Woof woof woof woof woof woof woof. Woof woof, woof. Woof woof woof woof woof, woof woof woof woof woof woof woof. Woof woof woof woof, woof woof woof.

Woof Woof

Made in the USA
Middletown, DE
11 October 2022

12485907R00073